突 破 认 知 的 边 界

民国大师家风学养课

梅贻琦 著

大学的意义

光明日报出版社

图书在版编目（CIP）数据

大学的意义 / 梅贻琦著 . -- 北京：光明日报出版社 , 2024.4
（民国大师家风学养课 / 廖淼焱主编）
ISBN 978-7-5194-7839-1

Ⅰ.①大… Ⅱ.①梅… Ⅲ.①梅贻琦（1889-1962）—教育思想 Ⅳ.① G40-092.7

中国国家版本馆 CIP 数据核字 (2024) 第 056124 号

大学的意义
DAXUE DE YIYI

著　　者：梅贻琦	
责任编辑：谢　香	责任校对：孙　展
特约编辑：胡　峰　何江铭	责任印制：曹　诤
封面设计：于沧海	

出版发行：光明日报出版社
地　　址：北京市西城区永安路 106 号，100050
电　　话：010-63169890（咨询），010-63131930（邮购）
传　　真：010-63131930
网　　址：http://book.gmw.cn
E - mail：gmrbcbs@gmw.cn
法律顾问：北京市兰台律师事务所龚柳方律师
印　　刷：天津鑫旭阳印刷有限公司
装　　订：天津鑫旭阳印刷有限公司
本书如有破损、缺页、装订错误，请与本社联系调换，电话：010-63131930
开　　本：146mm×210mm　　　　印　张：6.25
字　　数：160 千字
版　　次：2024 年 4 月第 1 版
印　　次：2024 年 4 月第 1 次印刷
书　　号：ISBN 978-7-5194-7839-1
定　　价：49.80 元

版权所有　翻印必究

梅贻琦(1889—1962),字月涵,1914年由美国学成归国,1931—1948年,任清华大学校长。1955年,在台湾新竹创建新竹清华大学及原子科学研究所。他被称为"两岸清华校长"。梅贻琦出任清华校长期间,奠定了清华的校格,一是师资人才的严格遴选和征聘,二是推行集体领导制度,为清华大学的发展做出了不可泯灭的贡献。他与叶企孙、潘光旦、陈寅恪一起被列为清华百年历史上四大哲人。

自强不息　厚德载物

目录

第一章 大学的意义

大学的意义	003
做学问的方法	008
毕业生的职业指导	010
我对新同学的期望	012
形势与秩序问题	016
大学一解	020
工业化的前途与人才问题	040

所谓大学者,非谓有大楼之谓也,有大师之谓也。

第二章 心之所向，无问西东

成为社会上有用的人才	057
纪念以往，兴勉将来	060
体魄健康才能救国	063
我所得的两个教训	065
体育之重要	069

人生不能离群，而自修不能无独。

第三章 文人的风骨

复任清华校长的就职演说　073
聆听大师的教诲　078
进大学是为研究学问　081
鲜血不是白流的　084
李公朴、闻一多先生被暗杀　101

生斯长斯了，
吾爱吾庐。

第四章 抗战中的清华

抗战期中之清华	113
抗战期中之清华（续）	122
抗战期中之清华（二续）	130
抗战期中之清华（三续）	139
抗战期中之清华（四续）	150
抗战期中之清华（五续）	163
复员期中之清华	174
复员后之清华	180

大学有新民之道，则大学生者负新民工作之实际责任者也。

所谓大学者,非谓有大楼之谓也,有大师之谓也。

第一章

大学的意义

大学的意义

今年吾们欢迎新到校的同学，觉着更有些意义，因为今年新来的一班比往年哪一班的人数都多；还因为当这国家多难的时期，又在一个很有危险性的地域之内，竟有这么多的青年来同吾们做学问，所以吾们这次欢迎诸君亦比欢迎往年新同学的时候，更觉欣慰。

吾们相信一个大学，不必以学生人数的多少征验它的成绩好坏，或是评定它的效率大小，不过在人数还不太多的时候，吾们很愿意尽量的录取，为的是可以多给些青年以求学的机会。所以既本着这个意思，又因为北平几校今夏不招考，吾们这次录取的人数不只是多，实是逾量的多了。吾们那时是鉴于往年录取新生，总有数十人不到校，所以按照宿舍现有容量，多加了二成，作为新生名额，万一诸君到校的超乎吾们所计算的人数之外，吾们当然不能拒绝，不过宿舍一切，大家都要多挤些，暂时从权些才好。

诸君大部分是由中学毕业出来的，一小部分是由别的大学转来的。大学与中学的办法不同；就是同是大学，各校的政策、风气亦有很多不同之点。本校的历史与本校的方针计划不久可以有机会与诸君谈谈，现在当诸君初入这个校园的时候，吾有几句话愿意先同诸位说一说：

一、诸君由中学出来再入一个大学，想研究些高深学术，这个志向是可贵的。诸君入了大学，还要父兄供给四年的费用，这件事在今日，就大多数而论是很不容易的；况且就今年说，诸君每一个人考取了，便有六七个未曾取上，这个机会亦算是难得的。那么诸君到校之后，千万要抱定这个志向，努力用功，不要让这个好机会轻轻错过。清华在中国可以算是一个较好的大学，固然它的不完备的地方，亦还很多，诸君到这里，吾们盼望不必太注意风景的良好、食住的舒适。诸君要多注意在吾们为诸君求学的设备，并能将这个机会充分的利用。

二、清华的风气向来是纯净好学的，这亦可以说是因

第一章　大学的意义

民国学生生活、学习场景一组。

为地势处在乡间，少受城市里的牵动，其实大原因还是在本校师生一向注重学问，顾全大局，所以虽亦经过几次风波，大家的学业未曾间断，这是在国内今日很难得的现象。但是一个学校的风气养成很难，破坏却很容易，诸君现在已是清华一分子，在今后四年内，诸君的行动要影响到清华风气的转移的一定不少，吾们盼望诸君能爱护它，保持它，改良它。吾说"改良"，因为吾们知道还有许多地方是不整齐，或是大家还没有十分注意的。在一个大团体里虽是很小的事（在一个人独居的时候，很不必注意的），倘若随便起来，也许发生很坏的影响。所以如同宿舍的安静，食堂的整洁，以及图书馆的秩序，虽都是课外的问题，亦于大家的精神上很有关系，为公众利益起见，各个人都应当特别注意。

三、吾们在今日讲学问，如果完全离开人民社会的问题，实在太空泛了，在现在国家处于内忧外患紧迫的情形之下，特别是热血的青年们，怎能不关心？怎能不着急？但是只有热心是不能于国家有真正补助的。诸君到学校来正是为从学问里研求拯救国家的方法，同时使个人受一种专门服务的训练，那么在这个时期内，诸君要拿出恳求的精神,切实去研究。思想要独立,态度要谦虚,不要盲从,不要躁进,吾们以前吃亏的地方,多半是由于事实没认清楚,拿半熟的主义去作实验,仿佛吃半熟的果子,不但于身体无益处,反倒肚子痛。古人有一句话说:"七年之病,求三年之艾,苟为不畜,终身不得。"这个意思,吾们可以引用。就是吾们要解决的中国的大问题,并不是一两月或一两年的事,虽然是急难当前,吾们青年人还是要安心耐性,脚踏实地的一步一步去探讨。如果四年之后,诸君每人能得到一种学识或技能,在社会上成一有用人才,可以帮助国家解决一部分的困难,诸君才算对得起自己,对得起社会,这亦就是吾们向诸君所最希望的。

1932年讲

做学问的方法

此次纪念周是本学期最末的一次。因为从下星期一起，就要举行学年考试，纪念周即当暂停举行。今天请袁希渊、施嘉炀两先生分别讲演。袁先生新从西北考察返平，本校敦请担任地理学系主任事务。现在先请袁先生讲述地理学概要及发展计划。惟上星期一陈席山先生因事未出席讲演。在历次纪念周会各系讲演中，仅缺生物学一系。本学期纪念周既将停止，拟请陈先生将讲稿在校刊上登出，以当讲演。这三个月里诸位听了这多次的讲演，对于各学科要点，当已得到不少的了解。本校举办这些系的目的，固然是希望学生获得一技一艺之专长，以期立身致用于社会。同时盼大家在注意本系主要课程之外，并于其他学科也要有相当认识。有人认为学文学者，就不必注意理科，习工科者就不必注意文科，所见似乎窄小一点。学问范围务广，不宜过狭，这样才可以使吾们对于所谓人生观，得到一种平衡不偏的观念。对于世界大势、文化变迁，亦有一种相当了解。如此不但使吾们的生活上增加意趣，就是在服务方面亦可以加增效率。这是本校对于全部课程的一种主张，盼望大家特别注意的。

1932年讲

毕业生的职业指导

现届本校二十一周年纪念,《清华周刊》编辑诸君请我说几句话,我乃地位所在,不能推辞。关于学校过去历史的事实,大家都知道很多,不必在这时节多说。至于前途发展的方针,我已屡次与校内师长同学们谈过,所以亦不必重提。再有一事拟就这机会简略提出的,即是我们常认为课外事业而实在是应看作学校工作重要的一部分的,就是职业指导和职业介绍。学校造就人才是为求实用。假若学生没有用途,学校的教育全归枉费,是极大的损失。学生受过相当训练,而不能展用他的才能,生活上受影响,精神上受损伤,是一件极悲惨的事。有人说"大学生失业的众多,即是革命的伏机",不是没有相当道理的。所以学校今后对于这项工作的进行,想特别注意。还有一事拟藉这机会一谈的,即学校与毕业同学的联络,每年在纪念日的时候,我们都注重毕业生回校的事。今年因为困难的关系,我们纪念的仪式很简单,但是对于毕业生回校的事,还是照常预备,使毕业同学与学校至少每年有这一次接近的机会。国立学校的学生,在学校时,依赖学校辅助的地方特别多,差不多一举一动,都要请学校津贴。在校四年可以说是享受权利的时候,出校以后,若是将学校抛弃脑后,不加爱护,可以说是不尽义务。清华同学向来是对母校有热心的,但是具体的表示,还是不多。希望毕业同学在实际上——经济上,意见上,或其他方面,对于母校多尽爱护扶助的责任。

1932年讲

我对新同学的期望

今天是本校又一新学年的第一天，新旧师生得以集会一堂，这大概是数月前所未想到的。当外患紧急，北平附近势将发生变化的时候，无论当日身临其境，或远在外地者，恐都未想到本校今天还能照旧向前进；师生还能继续课业。现在我们既然仍得到这求学机会，就应善为利用，特别努力去工作。

今年新同学又增加了二百余人，这是很可欣喜的事。一二星期前本校旧同学为欢迎新同学，要出一种刊物，请吾在上面写几句，吾因为事忙，未得写出来，今天趁这机会，特先向新同学说几句话。不过今天所要说的话，与去年的今日所说的大致相同；因为吾们所期望于新同学的，所要劝勉鼓励他们的，人虽不同，意思都是一样的。

第一章　大学的意义

新同学入校后，即为本校一分子，当然就希望学校好，事事都向顺利方面走。那么新旧同学都一样的负有维护它的责任。因为如要学校好，也一方面要看同学们行动如何；因为每个人的行动，关系学校极大，希望大家遵守秩序，保持良好校风，这是要新同学多多注意的。当然旧同学又负了一部分领导的责任，更要注意。

近来外间对本校常有批评，说是环境太舒适，这恐也是事实。因见有些同学在校四年，毕业后，仍不愿他适，甚或有了事，因为事情太小，或居处不方便，而不愿去就。吾们负教导责任的，听了十分惭愧。虽说本校设备上及卫生方面，或许比较讲究一点，但是吾们的本意，不过为使诸君能藉此增进健康，减少疾病。这是我们所希望的。如以为环境舒适在此享受，将来到社会上便不能吃苦，不愿吃苦，则非所望于诸君的。诸君新到校的，特别要认清这一点。

再外间有人说本校"洋气太重"，不知这话究何所指？如仅以洋服洋餐而论，恐未见比校外为重，而且无论多少，吾以为皆无关宏旨。但如吾们认为外国人大都能勤苦耐劳，办事认真，公私清楚，不因循，不敷衍，不拖泥

民国时期清华大学校门。

带水。我们如果有这点洋气，那么我们不必惭愧，并且要时刻保持的。

诸君到校后，无论入哪一系，习哪一科，经教授指导途径后，真实的功夫，要自己努力去做。而在自己一方面，尤其是思想上，要具有自动的力量，要用自己脑筋去判别索求。不然教授虽热心灌输，恐亦不能灌入。况且现在吾们耳目所接触的各种学说、各种理论不知多少，在学术的立场上，或都有研究的价值，学者思想尤贵自由，但是青年意志容易浮动，最应在起始时注意，不可操切，不可盲从。总要平心静气去研求，才能真得益处。

还有一点此时要稍为说明的：闻一年级新同学愿学理工者占大多数。自一方面看来，自是很好的现象。这大概是因为社会方面近来注重理工之故。理工为实用科学，固宜重视，但同时文法课程，亦不宜过于偏废。就本校说，最初办理较有成绩的理科之外，文法数科亦并不弱。现在本校工院初创，理工方面固应亟谋发展，但于文法各系也要使它有相当的进展。这一点外人不免忽视。本年一年级新生并不分院系（工院除外），大家在初入校时，可不必即决定入何系，最好在此一年之内细细体察自己志趣所在，性之所近，究习何科较为适当，然后再决定选习，方无匆率勉强之弊。

在1933年度秋季开学典礼上的
讲话，有删改

形势与秩序问题

今天是本校又一学年开始的一天,各师长、各新旧同学中有向未晤面者,可借今日集会互相会晤。所以今日的集会,是很有意义的集会,一方面欢迎休假回国及新聘各位教师来校,同时欢迎新入校的同学来和我们共同做学业的工作。

今年收录新生人数较往年为多,是可幸慰的事。近数年来校内设备及师资方面,有可以多给有志向学的青年以求学机会,所以多(尽)量容纳。人数增加,固可增进教学效率,但是有时因人数太多,或反使效率减少,这便是我们不能无限的多招新生的原因。各地同学负笈远来,自属可嘉,但一个学校之发展,并不能以人数之多寡为比较,要各个人明白各人应尽的职务,去努力做其应做的工

第一章 大学的意义

上图为1928年梅贻琦（左四）与家人在颐和园留影。下图为梅贻琦（后排右一）与堂兄弟合影。

作，则个人前途及学校前途才有希望。

三年前的明天，要算我国最严重一个国难开始的一天，从前常常虑到我们的工作，或要受外界影响，不能安静的度过，现幸尚能照常。虽然华北的危机，是随时可以触发的，但是我们仍然要不畏首畏尾的领导大家去努力工作，要冷静耐心的干。

今秋赴南一行，南中人每嫌华北一带气象消沉，对于国难未有深切表示，这或也是事实，但所谓表示，自不在大声疾呼去做宣传一类的工作，宣传在今日，已不能见其效力，我们所注意的是持久的、树立根基的工作。做这种工作，自然不要求速效，不要慕虚名，所以吾常劝人家在现在情势之下，要咬着牙，屏着息去工作，因为张口空话乱嚷，于实事无一些益处。

再有一点希望大家注意者，现在新旧同学已达千人以上，在团体生活中，秩序问题最关重要。大学生已具有自治能力，倘各人知道约束自己，自无特定管理规条之必要。团体中最重要的是法律道德，要顾全公众利益，不但自己要照顾自己，还要处处为别人着想。因为一己的行动,处处足以影响到他人的,团体秩序,是要大家特别尊重才好。

在1934年度开学典礼上的讲话

大学一解

今日中国之大学教育，溯其源流，实自西洋移植而来，顾制度为一事，而精神又为一事。就制度言，中国教育史中固不见有形式相似之组织；就精神言，则文明人类之经验大致相同，而事有可通者。文明人类之生活要不外两大方面，曰己，曰群，或曰个人，曰社会。而教育之最大的目的，要不外使群中之己与众己所构成之群各得其安所遂生之道，且进以相位相育，相方相苞；则此地无中外，时无古今，无往而不可通者也。

西洋之大学教育已有八九百年之历史，其目的虽鲜有明白揭橥之者，然试一探究，则知其本源所在，实为希腊之人生哲学，而希腊人生哲学之精髓无它，即"一己之修明"是已（Know thyself）。此与我国儒家思想之大本又何尝有异致？孔子于《论语·宪问》曰，"古之学者为己"。而病今之学者舍己以从人。其答子路问君子，曰"修己以敬"，进而曰，"修己以安人"，又进而曰，"修己以安百姓"；夫君子者无它，即学问成熟之人，而教育之最大收获也。曰安人安百姓者，则又明示修己为始阶，本身不为目的，其归宿，其最大之效用，为众人与社会之福利，此则较之希腊之人生哲学，又若更进一步，不仅以一己理智方面之修明为己足也。

及至大学一篇之作，而学问之最后目的，最大精神，乃益见显著。《大学》一书开章明义之数语即曰，"大学之道，在明明德，在新民，在止于至善"。若论其目，则格物，致知，诚意，正心，修身，属明明德；而齐家，治国，平天下，属新民。《学记》曰，"九年知类通达，强立而不反，谓之大成。夫然后足以化民易俗，近者悦服，而远者怀之，此大学之道也。""知类通达，强立不反"二语，可以为明明德之注脚；"化民成俗，近悦远怀"三语可以为新民之注脚。孟子于《尽心章》，亦言修其身而天下平。荀子论"自知者明，自胜者强"亦不出明明德之范围，而其泛论群居生活之重要，群居生活之不能不有规律，亦无非阐发新民二字之真谛而已。总之，儒家思想之包罗虽广，其于人生哲学与教育理想之重视明明德与新民二大步骤，则始终如一也。

今日之大学教育，骤视之，若与明明德、新民之义不甚相干，然若加深察，则可知今日大学教育之种种措施，始终未能超越此二义之范围，所患者，在体认尚有未尽而实践尚有不力耳。大学课程之设备，即属于教务范围之种种，下自基本学术之传授，上至专门科目之研究，固格物致知之功夫而明明德之一部分也。课程以外之学校生活，即属于训导范围之种种，以及师长持身、治学、接物、待人之一切言行举措，苟于青年不无几分裨益，此种裨益亦必于格致诚正之心理生活见之。至若各种人文科学、社会科学学程之设置，学生课外之团体活动，以及师长以公民之资格对一般社会所有之努力，或为一种知识之准备，或为一种实地工作之预习，或为一种风声之树立，青年一旦学成离校，而于社会有所贡献，要亦不能不资此数者为一部分之挹注。此又大学教育新民之效也。

然则所谓体认未尽实践不力者又何在？明明德或修己工夫中之所谓明德，所谓己，所指乃一人整个之人格，而不是人格之片段。所谓整个之人格，即就比较旧派之心理学者之见解，至少应有知、情、志三个方面，而此三方面者皆有修明之必要。今则不然，大学教育所能措意而略有成就者，仅属知之一方面而已，夫举其一而遗其二，其所收修明之效，因已极有限也。然即就知之一端论之，目前教学方法之效率亦大有尚待扩充者。理智生活之基础为好奇心与求益心，故贵在相当之自动，能有自动之功，所能收自新之效，所谓举一反三者；举一虽在执教之人，而反三总属学生之事。若今日之教学，恐灌输之功十居七八，而启发之功十不得二三。明明德之义，释以今语，即为自我之认识，为自我知能之认识，此即在智力不甚平庸之学子亦不易为之，故必有执教之人为之启发，为之指引，而执教者之最大能事，亦即至此而尽，过此即须学子自为探索；非执教者所得而助长也。故古之善教人者，《论语》谓之善诱，《学记》谓之善喻。孟子有云："君子深造之以道，欲其自得之也。自得之，则居之安；居之安，则资之深；资之深，则取之左右逢其源，故君子欲其自得之也。"此善诱或善喻之效也。今大学中之教学方法，即仅就知识教育言之，不逮尚远。此体认不足实践不力之一端也。

至意志与情绪二方面,既为寻常教学方法所不及顾,则其所恃者厥有二端,一为教师之树立楷模,二为学子之自谋修养。意志须锻炼,情绪须裁节,为教师者果能于二者均有相当之修养工夫,而于日常生活之中予以自然之流露,则从游之学子无形中有所取法;古人所谓身教,所谓以善先人之教,所指者大抵即为此两方面之品格教育,而与知识之传授不相干也。治学之精神与思想之方法,虽若完全属于理智一方面之心理生活,实则与意志之坚强与情绪之稳称有极密切之关系;治学贵谨严,思想忌偏蔽,要非持志坚定而用情有度之人不办。孟子有曰,"仁义礼智根于心,则其生色也,睟然见于面,盎于背,施于四体,四体不言而喻"。曰根于心者,修养之实;曰生于色者,修养之效而自然之流露;设学子所从游者率为此类之教师再假以时日,则濡染所及,观摩所得,亦正复有其不言而喻之功用。《学记》所称之善喻,要亦不能外此。试问今日之大学教育果具备此条件否乎?曰否。此可与三方面见之。上文不云乎?今日大学教育所能措意者仅为人格之三方面之一,为教师者果能于一己所专长之特科知识,有充分之准备,为明晰之讲授,作尽心与负责之考课,即已为良善之教师，其于学子之意志与情绪生活与此种生活之见于操守者，殆有若秦人之视越人之肥瘠；历年既久，相习成风，即在有识之士，亦复视为固然，不思改作，浸假而以此种责任完全诿诸他人，曰"此乃训育之事，与教学根本无干"。此条件不具备之一方面也。为教师者，自身固未始不为此种学风之产物，其日以孜孜者，专科知识之累积而已，新学说与新实验之传习而已，其于持志养气之道，待人接物之方，固未尝一日讲求也；试问己所未能讲求或无暇讲求者，又何能执以责人？此又一方面也。今日学校环境之内，教师与学生大率自成部落，各有其生活之习惯与时尚，舍教室中讲授之时间而外，几于不相谋面，军兴以还，此风尤甚；即有少数教师，其持养操守足为学生表率而无愧者，亦犹之椟中之玉，斗底之灯，其光辉不达于外，而学子即有切心于观摩取益者，亦自无从问径。此又一方面也。古者学子从师受业，谓之从游，孟子曰，"游于圣人之门者难为言"，间尝思之，游之时义大矣哉。学校犹水也，师生犹鱼也，其行动犹游泳也，大鱼前导，小鱼尾随，是从游也，从游既久，其濡染观摩之效，自不求而至，不为而成。反观今日师生之关系，直一奏技者与看客之关系耳，去从游之义不綦远哉！此则于大学之道，"体认尚有未尽、实践尚有不力"之第二端也。

至学子自身之修养又如何？学子自身之修养为中国教育思想中最基本之部分，亦即儒家哲学之重心所寄。《大学》八目，涉此者五，《论语》《中庸》《孟子》所反复申论者，亦以此为最大题目。宋元以后之理学，举要言之，一自身修善之哲学耳；其派别之分化虽多，门户之纷呶虽甚，所争者要为修养之方法，而于修养之必要，则靡不同也。我侪以今日之眼光相绳，颇病理学教育之过于重视个人之修养，而于社会国家之需要，反不能多所措意；末流之弊，修身养性几不复为入德育才之门，而成遁世避实之路。然理学教育之所过即为今日学校教育之所不及。今日大学生之生活中最感缺乏之一事即为个人之修养，此又可就下列三方面分别言之：

一曰时间不足。今日大学教育之学程太多，上课太忙，为众所公认之一事，学生于不上课之时间，又例须有多量之"预备"功夫，而所预备者又不出所习学程之范围，于一般之修养邈不相涉。习文史哲学者，与修养功夫尚有几分关系，其习它种理实科目者，无论其为自然科学或社会科学，犹木工水作之习一艺耳。习艺愈勤去修养愈远。何以故？曰，无闲暇故。仰观宇宙之大，俯察品物之盛，而自审其一人之生应有之地位，非有闲暇不为也。纵探历史之悠久，文教之累积，横索人我关系之复杂，社会问题之繁变，而思对此悠久与累积者宜如何承袭节取而有所发明，对复杂繁变者宜如何应付而知所排解，非有闲暇不为也。人生莫非学问也，能自作观察、欣赏、沉思、体会者，斯得之。今学程之所能加惠者，充其量，不过此种种自修功夫之资料之补助而已，门径之指点而已，至若资料之咀嚼融化，门径之实践以致于升堂入室，博者约之，万殊者一之，则非有充分之自修时间不为功。就今日之情形而言，则咀嚼之时间，且犹不足，无论融化，粗识门径之机会犹或失之，姑无论升堂入室矣。

二曰空间不足。人生不能离群，而自修不能无独，此又近顷大学教育最所忽略之一端。《大学》一书尝极论毋自欺，必慎独之理。不欺人易，不自欺难，与人相处而慎易，独居而慎难。近代之教育，一则曰社会化，再则曰集体化，卒使黉舍悉成营房，学养无非操演，而慎独与不自欺之教亡矣。夫独学无友，则孤陋而寡闻，乃仅就智识之切磋而为言者也；至情绪之制裁，意志之磨砺，则固为我一身一心之事，他人之于我，至多亦只所以相督励，示鉴戒而已。自"慎独"之教亡，而学子乃无复有"独"之机会，亦无复作"独"之企求；无复知人我之间精神上与实际上应有之充分之距离，适当之分寸，浸假而无复和情绪制裁与意志磨练之为何物，即无复和《大学》所称诚意之为何物，充其极，乃至于学问见识一端，亦但知从众而不知从己，但知附和而不敢自作主张，力排众议。晚近学术界中，每多随波逐浪（时人美其名曰"适应潮流"）之徒，而少砥柱中流之辈，由来有渐，实无足怪。《大学》一书，于开章时阐明大学之目的后，即曰，"知止而后有定，定而后能静，静而后能安，安而后能虑，虑而后能得"。今日之青年，一则因时间之不足，再则因空间之缺乏，乃至数年之间，竟不能如绵蛮黄鸟之得一丘隅以为休止。休止之时地既不可得，又遑论定、静、安、虑、得之五步功夫耶？此深可虑而当亟为之计者也。

三曰师友古人之联系之阙失。关于师之一端，上文已具论之，今日之大学青年，在社会化与集体生活化一类口号之空气之中，所与往还者，有成群之大众，有合伙之伙伴，而无友。曰集体生活，又每苦不能有一和同之集体，或若干不同而和之集体，于是人我相与之际，即一言一动之间，亦不能不多所讳饰顾忌，驯至舍寒暄笑谑与茶果征逐而外，根本不相往来。此目前有志之大学青年所最感苦闷之一端也。夫友所以祛孤陋，增闻见，而辅仁进德者也，个人修养之功，有恃于一己之努力者固半，有赖于友朋之督励者亦半；今则一己之努力既因时空两间之不足而不能有所施展，有如上文所论，而求友之难又如此，又何怪乎成德达材者之不多见也。古人亦友也，孟子有尚友之论，后人有尚友之录，其对象皆古人也。今人与年龄相若之同学中既无可相友者，有志者自犹可于古人中求之。然求之又苦不易。史学之必修课程太少，普通之大学生往往仅修习通史一两门而止，此不易一也。时人对于史学与一般过去之经验每不重视，甚者且以为革故鼎新之精神，即在完全抹杀已往，而创造未来，前人之言行，时移世迁，即不复有分毫参考之价值，此不易二也。即在专考史学之人，又往往用纯粹物观之态度以事研究，驯至古人之言行举措，其所累积之典章制度，成为一堆毫无生气之古物，与古生物学家所研究之化石骨殖无殊，此种研究之态度，

大学的意义

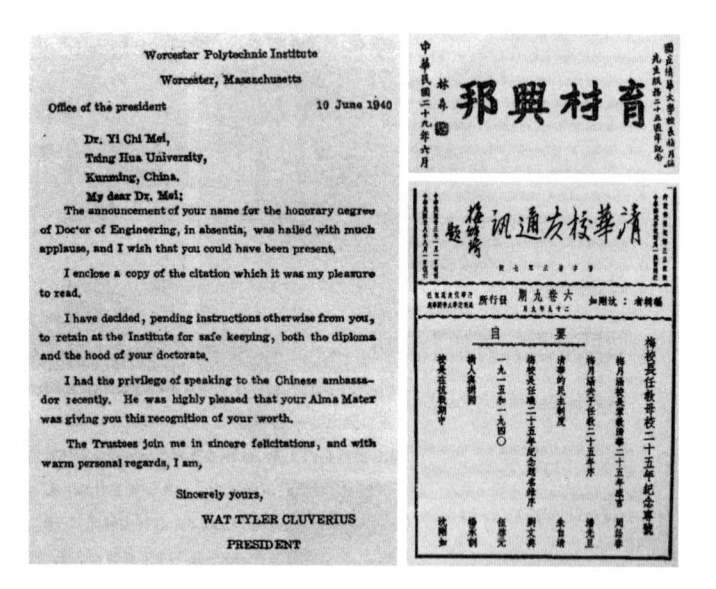

左图为1940年，美国伍斯特理工学院授予梅贻琦荣誉博士学位的证书。右上图为1940年，梅贻琦服务清华十五周年，林森赠送的"育材兴邦"匾额。右下图为1940年《清华校友通讯》第6卷第9期《梅校长任教母校二十五年纪念专号》。1940年9月，在昆明的清华师生和校友为庆祝梅贻琦服务母校25周年举行了一次公祝会。在公祝会上，宣读了伍斯特理工学院特授他为名誉工程博士学位时的介绍词。介绍词中说，梅贻琦把"职业生命全部献给了自己的母校清华大学，特别是战争发生后,他率清华师生颠沛流离，从北京而长沙，而昆明，在极端困难的条件下创造了杰出的成绩"。

非无其甚大之价值，然设过于偏注，则史学之与人生将不复有所联系，此不易三也。有此三不易，于是前哲所再三申说之"以人鉴人"之原则将日趋湮没，而"如对古人"之青年修养之一道亦曰即于荒秽不治矣。学子自身之不能多所修养，是近代教育对于大学之道体认尚有未尽、实践尚有不力之第三端也。

以上三端，所论皆为明德一方面之体认未尽与实践不力，然则新民一方面又如何？大学新民之效，厥有二端。一为大学生新民工作之准备；二为大学校对社会秩序与民族文化所能建树之风气。于此二端，今日之大学教育体认亦有未尽，而实践亦有不力也。试分论之。

大学有新民之道，则大学生者负新民工作之实际责任者也。此种实际之责任，因事先必有充分之准备，相当之实验或见习，而大学四年，即所以为此准备与实习而设，亦自无烦赘说。然此种准备与实习果尽合情理乎？则显然又为另一问题。明德功夫即为新民功夫之最根本之准备，而此则已大有不能尽如人意者在，上文已具论之矣。然准备之缺乏犹不止此。今人言教育者，动称通与专之二原则。故一则曰大学生应有通识，又应有专识，再则曰大学卒业之人应为一通才，亦应为一专家，故在大学期间之准备，应为通专并重。此论固甚是，然有不尽妥者，亦有未易行者。此论亦固可以略救近时过于重视专科之弊，然犹未能充量发挥大学应有之功能。窃以为大学期内，通专虽应兼顾，而重心所寄，应在通而不在专，换言之，即须一反目前重视专科之倾向，方足以语于新民之效。夫社会生活大于社会事业，事业不过为人生之一部分，其足以辅翼人生，推进人生，固为事实，然不能谓全部人生寄寓于事业也。通识，一般生活之准备也；专识，特种事业之准备也。通识之用，不止润身而已，亦所以自通于人也。信如此论，则通识为本，而专识为末，社会所需要者，通才为大，而专家次之，以无通才为基础之专家临民，其结果不为新民，而为扰民。此通专并重未为恰当之说也。大学四年而已，以四年之短期间，而既须有通识之准备，又须有专识之准备，而二者之间又不能有所轩轾，即在上智，亦力有未逮，况中资以下乎？并重之说所以不易行者此也。偏重专科之弊，既在所必革，而并重之说又窒碍难行，则通重于专之原则尚矣。

难之者曰，大学而不重专门，则事业人才将焉出？

曰，此未作通盘观察之论也，大学虽重要，究不为教育之全部，造就通才虽为大学应有之任务，而造就专才则固别有机构在。一曰大学之研究院。学子即成通才，而于学问之某一部门，有特殊之兴趣，与特高之推理能力，而将以研究为长期或终身事业者可以入研究院。二曰高级之专门学校。艺术之天分特高，而审美之兴趣特厚者可入艺术学校，躯干刚劲，动作活泼，技术之智能强，而理论之兴趣较薄者可入技术学校。三曰社会事业本身之训练。事业人才之造就，由于学识者半，由于经验者亦半，而经验之重要，且在学识之上，尤以社会方面之事业人才所谓经济长才者为甚，尤以在今日大学教育下所能产生之此种人才为甚。今日大学所授之社会科学知识，或失之理论过多，不切实际，或失诸凭空虚构，不近人情，或失诸西洋之资料太多，不适国情民性。学子一旦毕业而参加事业，往往发见学用不相呼应，而不得不于所谓"经验之学校"中，别谋所以自处之道，及其有成，而能对社会有所贡献，则泰半自经验之学校得来，而与所从卒业之大学不甚相干，以至于甚不相干。始恍然于普通大学教育所真能造就者，不过一出身而已，一资格而已。

出身诚是也，资格亦诚是也。我辈从事大学教育者，诚能执通才之一原则，而曰，才不通则身不得出；社会亦诚能执同一之原则，而曰，无通识之准备者，不能取得参加社会事业之资格；则所谓出身与资格者，固未尝不为绝有意识之名词也。大学八目，明德之一部分至身修而止，新民之一部分自身修而始，曰出身者，亦曰身已修，德已明，可以出而从事于新民而已矣，夫亦岂易言哉？不论一人一身之修明之程度，不向其通识之有无多寡，而但以一纸文凭为出身之标识者，斯失之矣。

通识之授受不足，为今日大学教育之一大通病，固已渐为有识者所公认，然不足者果何在，则言之者尚少。大学第一年不分院系，是根据通之原则者也，至第二年而分院系，则其所据为专之原则。通则一年，而专乃三年，此不足之最大原因而显而易见者。今日而言学问，不能出自然科学，社会科学，与人文科学三大部分；曰通识者，亦曰学子对此三大部门，均有相当准备而已。分而言之，则对每门有充分之了解；合而言之，则于三者之间，能识其会通之所在，而恍然于宇宙之大，品类之多，历史之久，文教之繁，要必有其一以贯之道，要必有其相为因缘与依倚之理,此则所谓通也。今学习仅及期年而分院分系,而许其进入专门之学,于是从事于一者,不知二与三为何物,或仅得二与三之一知半解,与道听途说者初无二致;学者之选习另一部门或院系之学程也,亦先存一"限于规定,聊复选习"之不获己之态度,日久而执教者亦曰,聊复有此规定尔,固不敢从此期学子之必成为通才也。近年以来,西方之从事于大学教育者,亦尝计虑及此,而设为补救之法矣。其

1914年,在伍斯特理工学院留学时期的梅贻琦。梅贻琦在伍斯特理工学院四年攻读期间,他父亲一直失业,家中生活拮据,经常当卖衣物用品维持生计。梅贻琦在美节衣缩食,把节余的学费寄回天津补贴家用。1914年,梅贻琦以优异成绩毕业,获学士学位,并被选入该校Sigma Xi荣誉学会,荣获"金钥奖"。

大要不出二途。一为展缓分院分系之年限，有自第三学年始分者；二为第一学年中增设"通论"之学程。窃以为此二途者俱有未足，然亦颇有可供攻错之价值；可为前途改革学程支配之张本。大学所以宏造就，其所造就者为粗制滥造之专家乎，抑为比较周见洽闻，本末兼赅，博而能约之通士乎？胥于此种改革卜之矣。大学亦所以新民，吾侪于新民之义诚欲作进一步之体认与实践，欲使大学出身之人，不藉新民之名，而作扰民之实，亦胥以此种改革为入手之方。

然大学之新民之效，初不待大学生成与参加事业而始见也。学府之机构，自身亦正复有其新民之功用，就其所在地言之，大学俨然为一方教化之重镇，而就其声教所暨者言之，则充其极可以为国家文化之中心，可以为国际思潮交流与朝宗之汇点（近人有译英文Focus一字为汇点者，兹从之）。即就西洋大学发展之初期而论，十四世纪末年与十五世纪初年，欧洲中古文化史有三大运动焉，而此三大运动者均自大学发之。一为东西两教皇之争，其终于平息而教权复归于一者，法之巴黎大学领导之功也；二为魏克文夫（Wyclif）之宗教思想革新运动，孕育而拥护之者英之牛津大学也；三为郝斯（John Hus）之宗教改革运动，郝氏与惠氏之运动均为十六世纪初年马丁·路得宗教改革之先声，而孕育与拥护之者，布希米亚（战前为捷克地）之蒲拉赫（Prague）大学也。大学机构自身正复有其新民之效，此殆最为彰明较著之若干例证。

间尝思之，大学机构之所以生新民之效者，盖又不出二途。一曰为社会之倡导与表率，其在平时，表率之力为多，及处非常，则倡导之功为大。上文所举之例证，盖属于倡导一方面者也。二曰新文化因素之孕育涵养与简练揣摩。而此二途者又各有其凭藉。表率之效之凭藉为师生之人格与其言行举止。此为最显而易见者。一地之有一大学，犹一校之有教师也，学生以教师为表率，地方则以学府为表率，古人谓一乡有一善士，则一乡化之，况学府者应为四方善士之一大总汇乎？设一校之师生率为文质彬彬之人，其出而与社会周旋也，路之人亦得指而目之曰，是某校教师也，是某校生徒也，而其所由指认之事物为语默进退之间所自然流露之一种风度，则始而为学校环境以内少数人之所独有者，终将为一地方所共有，而成为一种风气；教化云者，教在学校环境以内，而化则达于学校环境以外，然则学校新民之效，固不待学生出校而始见也明矣。

新文化因素之孕育所凭藉者又为何物？师生之德行才智，图书实验，大学之设备，可无论矣。所不可不论者为自由探讨之风气。宋儒安定胡先生有曰，"艮言思不出其位，正以戒在位者也，若夫学者，则无所不思，无所不言，以其无责，可以行其志也；若云思不出其位，是自弃于浅陋之学也。"此语最当。所谓无所不思，无所不言，以今语释之，即学术自由（Academic Freedom）而已矣。今人颇有以自由主义为诟病者，是未察自由主义之真谛者也。夫自由主义（Liberalism）与荡放主义（Libertin-ism）不同，自由主义与个人主义，或乐利的个人主义，亦截然不为一事。假自由之名，而行荡放之实者，斯病矣。大学致力于知、情、志之陶冶者也，以言知，则有博约之原则在，以言情，则有裁节之原则在，以言志，则有持养之原则在，秉此三者而求其所谓"无所不思，无所不言"，则荡放之弊又安从而乘之？此犹仅就学者一身内在之制裁而言之耳，若自新民之需要言之，则学术自由之重要，更有不言而自明者在。新民之大业非旦夕可期也，既非旦夕可期，则与此种事业最有关系之大学教育，与从事于此种教育之人，其所以自处之地位，势不能不超越几分现实，其注意之所集中，势不能为一时一地之所限止，其所期望之成就，势不能为若干可以计日而待之近功。职是之故，其"无所不思"之中，必有一部分为不合时宜之思，其"无所不言"之中，亦必有一部分为不合时宜之言；亦正惟其所思所言，不尽合时宜，乃或不合于将来，而新文化之因素胥于是生，进步之机缘，胥于是启，而新民之大业，亦胥于是奠其基矣。

"大学之道，在明明德，在新民，在止于至善。"至善之界说难言也，姑舍而不论。然明明德与新民二大目的固不难了解而实行者。然洵如上文所论，则今日之大学教育，于明明德一方面，了解犹颇有未尽，践履犹颇有不力者，而不尽不力者，要有三端，于新民一方面亦然，其不尽力者要有二端。不尽者尽之，不力者力之，是今日大学教育之要图也？是"大学一解"之所为作也。

1941年作

工业化的前途与人才问题

　　工业化是建国大计中一个最大的节目，近年以来，对国家前途有正确认识的人士，一向作此主张，不过认识与主张是一回事，推动与实行又是一回事。工业化的问题，真是千头万绪，决非立谈之间可以解决。约而言之，这期间至少也有三四个大问题，一是资源的问题，二是资本的问题，三是人才的问题。而人才问题又可以分为两方面，一是组织人才，一是技术人才。近代西洋从事于工业建设的人告诉我们，只靠技术人才，是不足以成事的，组织人才的重要至少不在技术人才之下。中国号称地大物博，但实际上工业的资源，并不见得丰富。所以这方面的问题，就并不简单。而在民穷财尽的今日，资本也谈何容易？不过以一个多年从事于教育事业的人，所能感觉到的，终认为最深切的一些问题，还是在人才的供应一方面。

我认为人才问题，有两个部分，一是关于技术的，一是关于组织的。这两部分都不是亟切可以解决的。研究民族品性的人对我们说：以前中国的民族文化因为看不起技术，把一切从事技术的人当做"工"，把一切机巧之事当做"小道"，看作"坏人心术"，所以技术的能力，在民族的禀赋之中，已经遭受过大量的淘汰，如今要重新恢复过来，至少恢复到秦汉以前固有的状态，怕是绝不容易。组织的能力也是民族禀赋的一部分，有则可容训练，无则一时也训练不来；而此种能力，也因为多年淘汰的关系，特别是家族主义一类文化的势力所引起的淘汰作用，如今在民族禀赋里也见得异常疲弱；一种天然的疲弱，短期内也是没有方法教他转变为健旺的。这一类的观察也许是错误的，或不准确的。但无论错误与否，准确与否，我以为他们有一种很大的效用，就是刺激我们，让我们从根本做起，一洗以前头痛医头脚痛医脚的弊病。所谓从根本做起，就是从改正制度转移风气着手。此种转移与改正的努力，小之可将剩余的技术与组织能力，无论多少，充分的选择、训练，而发挥出来；大之可以因文化价值的重新确定，使凡属有技术能力与组织能力的人，在社会上抬头，得到社会的拥护和推崇，从而在数量上有不断的增加扩展。

改正制度转移风气最有效的一条路是教育。在以前，在国家的教育制度里，选才政策里，文献的累积里，工是一种不入流的东西，惟其不入流品，所以工的地位才江河日下。如今如果我们在这几个可以总称为教育的方面，由国家确定合理的方针，切实而按部就班的做去，则从此以后，根据"君子之德风，小人之德草，草上之风必偃"的颠扑不破的原则，工的事业与从事此种事业的人，便不难力争上游，而为建国大计中重要方面与重要流品的一种。这种教育方针前途固然缺少不得，却也不宜过于狭窄。上文所云"合理"两个字，我以为至少牵涉到三个方面：一是关于基本科学的，二是关于工业技术的，三是关于工业组织的。三者虽同与工业化的政策有密切关系，却应分作三种不同而互相联系的训练，以造成三种不同而可以彼此合作的人才。抗战前后十余年来，国家对于工业的提倡与工业人才的培植，已经尽了很大的努力，但我以为还不够，还不够合理；这三种训练与人才之中，我们似乎仅仅注意到了第二种，即技术的训练，与专家的养成。西洋工业文明之有今日，是理工并重的，甚至于理论的注意要在技术之上，甚至于可以说，技术的成就是从理论的成熟之中不期然而然的产生出来的。真正着重技术，着重自然科学对于国计民生的用途，在西洋实在是比较后起的事。建国是百年的大计，工业建国的效果当然也不是一蹴而就。如果我们在工业文明上也准备取得一种独立自主的性格，不甘于永远拾人牙慧，则工程上基本的训练，即自然科学的训练，即大学理学院的充实，至少不应在其他部分之后，这一层就目前的趋势说，我们尚未多加注意。这就是不够合理的一层，不过，这一层我们目下除提到一笔而外，姑且不谈，我们可以认为它是工业化问题中比较更广泛而更基本的一部分，值得另题讨论。本文所特别留意的，还是技术人才与组织人才的供应问题。

为了适应今日大量技术人才的需要，我认为应当设专科学校或高级工业学校和艺徒学校。高级的技术人才由前者供给，低级的由后者供给，而不应广泛而勉强的设立许多大学工学院或令大学勉强的多收工科学生。大学工学院在造就高级工业人才与推进工程问题研究方面，有其更大的使命，不应使其只顾大量的出产，而将品质降低，而且使其更重要的任务，无力担负。我们在工业化程序中所需的大量的技术人员，大学工学院实无法供给，亦不应尽要他们供给。德国工业文明的发达，原因虽然不止一端，其高级工业学校的质量之超越寻常，显然是一大因素。此种学校是专为训练技术而设立的，自应力求切实，于手脑并用之中，要求手的运用娴熟。要做到这一点，切忌的是好高骛远，不着边际。所谓不好高骛远，指的是两方面：一是在理智的方面，要避免空泛的理论，空泛到一个与实际技术不相干的程度；二在心理与社会的方面，要使学生始终甘心于用手，要避免西洋人所谓的"白领"的心理，要不让学生于卒业之后，亟于成为一个自高身价的"工程师"，只想指挥人做工，而自己不动手。我不妨举两个实例，证实这两种好高骛远的心理在目前是相当流行的。此种心理一天不去，则技术人才便一天无法增加，增加了也无法运用，而整个工业化计划是徒托空言。

我前者接见到一个青年，他在初中毕业以后，考进了东南的某一个工程专科学校，修业五年以后，算是毕业了。我看他的成绩单，发现在第三年的课程里，便有微积

第一章 大学的意义

分，微分方程，应用力学一类的科目；到了第五年，差不多大学工学院里普通所开列的关于他所学习的一系的专门课程都学完了，而且他说，所用的课本也都是大学工学院的课本。课本缺乏，为专科学校写的课本更缺乏，固然是

担任留美学生监督期间，梅贻琦（右）接待老师张伯苓先生（中）。梅贻琦与张伯苓先生有深厚的师生之谊。据赵赓飏的《梅贻琦传稿》记载，有一次南开大学校长张伯苓在清华演讲结束，梅校长向张校长致谢后，看到张校长穿起演讲途中脱下的马褂，于是亲自上前帮扣纽扣。事后梅贻琦说："我自幼年就崇拜他，感激他，任何时候都恨不得侍候他以表敬爱，就因为我的科学知识等等都是张校长给我启蒙的，一生受用不尽，久而不渝对他尊敬的。"

一个事实，但这个青年果真都学完了么？学好了么？我怕不然，他的学力是一个问题，教师的教授能力与方法也未始不是一个问题。五年的光阴，特别是后三年，他大概是囫囵吞枣似的过去的。至于实际的技能，他大概始终在一个半生不熟的状态之中，如果他真想在工业方面努力，还得从头学起。这是关于理论方面好高骛远的例子。

在抗战期间的后方，某一个学校里新添了几间房子，电灯还没有装，因为一时有急用，需要临时装设三五盏。当时找不到工匠，管理学校水电工程的技师也不在，于是就不得不乞助于对于电工有过专门训练的两三位助教。不图这几位助教，虽没有读过旧书，却也懂得"德成而上，艺成而下"与"大德不官，大道不器"的道理，一个都不肯动手，后来还是一位教授与一位院长亲自动手装设的。这些助教就是目前大学理工学院出身的，他们是工程师，是研究专家，工程师与研究专家有他的尊严，又如何以做匠人的勾当呢？这是在社会心理上好高骛远的例子。

关于艺徒学校的设立，问题比较简单。这种学校，最好由工厂设立，或设在工厂附近，与工厂取得合作。初级的工业学校，也应当如此办理。不过有两点应当注意的：

一要大大增添此种学校的数量,二要修正此种学校教育的目标。目前工厂附设艺徒班,全都是只为本厂员工的抱注设想,这是不够的。艺徒班所训练的是一些基本的技术,将来到处有用,我们应当把这种训练认为是国家工业化教育政策的一个或一部分,教他更趋于切实、周密;因而取得更大的教育与文化的意义,否则岂不是和手工业制度下的徒弟教育没有分别,甚至于从一般的生活方面说,还赶不上徒弟教育呢?艺徒学校的办理比较简单,其间还有一个原因,就是加入的青年大都为农工子弟,他们和生活环境的艰苦奋斗已成习惯,可以不至于养成上文所说的那种好高骛远的心理。对于这一点,我们从事工业教育的人还得随时留意,因为瞧不起用手的风气目前还是非常流行,他是很容易渗透到工农子弟的脑筋上去的。

大学工学院的设置,我认为应当和工业组织人才的训练最有关系。理论上应当如此,近年来事实的演变更教我们不能不如此想。上文不是引过一个工学院毕业的助教不屑于动手装电灯的例子么?这种不屑的心理固然不对,固然表示近年来的工业教育在这方面还没有充分的成功,前途尚须努力。不过大学教育毕竟与其他程度的学校教育不同，它的最大的目的原在培植通才；文、理、法、工、农等等学院所要培植的是这几个方面的通才，甚至于两个方面以上的综合的通才。它的最大的效用，确乎是不在养成一批一批限于一种专门学术的专家或高等匠人。工学院毕业的人才，对于此一工程与彼一工程之间，对于工的理论与工的技术之间，对于物的道理与人的道理之间，都应当充分了解，虽不能游刃有余，最少在这种错综复杂的情境之中，可以有最低限度的周旋的能力。惟有这种分子才能有组织工业的力量，才能成为国家目前最迫切需要的工业建设的领袖，而除了大学工学院以外，更没有别的教育机关可以准备供给这一类的人才。

因此我认为目前的大学工学院的课程大有修改的必要。就目前的课程而论，工学院所能造就的人才还够不上真正的工程师，无论组织工业的领袖人才了。其后来终于成为良好的工程师和组织人才的少数例子，饮水思源，应该感谢的不是工学院的教育，而是他的浑厚的禀赋与此种禀赋的足以充分利用社会的学校或经验的学校所供给他的一切。就大多数的毕业生而言，事实上和西洋比较良好的高级工业学校的毕业生没有多大分别，而在专门训练的周密上，不良态度的修正（如不屑于用劳力的态度）上，怕还不如。

要造就通才，大学工学院必须添设有关通识的课程，而减少专攻技术的课程。工业的建设靠技术，靠机器，不过他并不单靠这些。没有财力，没有原料，机器是徒然的，因此他至少对于经济地理、经济地质，以至于一般的经济科学要有充分的认识。没有人力，或人事上得不到适当的配备与协调，无论多少匹马力的机器依然不会转动，或转动了可以停顿。因此，真正工业的组织人才，对于心理学、社会学、伦理学，以至于一切的人文科学、文化背景，都应该有充分的了解。说也奇怪，严格的自然科学的认识倒是比较次要；这和工业理论的关系虽大，和工业组织的关系却并不密切。人事的重要，在西洋已经深深的感觉到，所以一面有工业心理的工商管理一类科学的设置，一面更有"人事工程"（Human Engineering）一类名词的传诵。其在中国，我认为前途更有充分认识与训练的必要，因为人事的复杂，人与人之间的易于发生摩擦，难期合作，是一向出名的。总之，一种目的在养成组织人才的工业教育，于工学本身与工学所需要的自然科学而外，应

大学的意义

1941年清华大学校庆时领导合影。从右至左：叶企孙、冯友兰、吴有训、梅贻琦、陈岱孙、潘光旦、施嘉炀。

该旁及一大部分的人文科学与社会科学，旁及得愈多，使受教的人愈博洽，则前途他在物力与人力的组织上，所遭遇的困难愈少。我在此也不妨举一两个我所知的实例。

我以前在美国工科大学读书的时候，认识一位同班的朋友，他加入工科大学之前，曾经先进文科大学，并且毕了业；因为他在文科大学所选习的自然科学学程比较的多，

050

所以进入工科大学以后，得插入三年级，不久也就随班毕业了。就他所习的工科学程而言，他并不比他同班的为多，甚至于比他们要少，但其他方面的知识与见解，他却比谁都要多，他对于历史、社会、经济，乃至于心理学等各门学问，都有些基本的了解。结果，毕业后不到十年，别的同班还在当各级的技师和工程师，他却已经做到美国一个最大电业公司的分厂主任，成为电工业界的一个领袖了。

这是就正面说的例子，再就反面说一个。在抗战期间，后方的工业日趋发展，在发展的过程里，我们所遭遇的困难自然不一而足，其中最棘手的一个是人事的不易调整与员工的不易相安。有好几位在工厂界负责的人对我说，目前大学工学院的毕业生在工厂中服务的一天多似一天，但可惜我们无法尽量的运用他们；这些毕业生的训练，大体上都不错，他们会画图打样，会装卸机器，也会运用机巧的能力，来应付一些临时发生的技术上的困难；但他们的毛病在不大了解别人，容易和别人发生龃龉，不能和别人合作，因此，进厂不久，便至不能相安，不能不别寻出路。不过在别的出路里他们不能持久，迟早又会去而之他。有一位负责人甚至于提议：可否让学生在工科学程卒业之后，再留校一年，专攻些心理学、社会学一类的课程。姑不论目前一样注重专门的心理学与社会学能不能满足这位负责人的希望，至少他这种见解与提议是一些经验之谈，而值得我们与以郑重的考虑的。

值得郑重考虑的固然还不止这一点，不过怎样才可以使工科教育于适度的技术化之外，要取得充分的社会化与人文化，我认为是工业化问题中最核心的一个问题；核心问题而得不到解决，则其他边缘的问题虽得到一时的解决，于工业建设前途，依然不会有多大的补益。这问题需要国内从事教育与工业的人从长商议（如修业年限问题，如课程编制问题……皆是很重要而须审慎研究的），我在本文有限的篇幅里，只能提出一个简单的轮廓罢了。

至于工科大学的教育，虽如是其关系重要，在绝对的人数上，则应比高初级工业学校毕业的技术人才只估少数，是不待赘言的。工业人才，和其他人才一样，好比一座金字塔，越向上越不能太多，越向下便越多越好。因此，我以为大学工学院不宜无限制的添设，无限制的扩展，重要的还是在质的方面加以充实。而所谓质：一方面指学生的原料必须良好，其才力仅仅足以发展为专门技工的青年当然不在其内；一方面指课程的修正与学风的改变，务使所拔选的为有眼光与有见识的青年。所以进行之际，应该重通达而不重专精，期渐进而不期速效。目前我们的工业组织人才当然是不够，前途添设扩充工科大学或大学工科学院的必要自属显然。不过无论添设与扩充，我们总须以造就工业通才的原则与方法为指归。出洋深造，在最近的几十年间，当然也是一条途径，不过我以为出洋的主要目的，不宜为造就上文所说的三种人才中的第二种，即狭义的技术人才，而宜乎是第一种与第三种，即基本科学人才与工业组织人才。第一种属于纯粹的理科，目前也姑且不提；就工业而言工业，还是组织才比较更能够利用外国经验的长处。不过我们还应有进一步的限制。一个青年想出国专习工业管理，宜若可以放行了。不然，我们先要看他在工业界，是否已有相当的经验，甚于在某一种专业方面，是否已有相当的成就，然后再定他们的行止。要知专习一两门工业管理课程，而有很好的成绩，并不保证他成为一个工业组织人才。

最后，我们要做到上文所讨论的种种，我必然再提出一句话，作为本文的结束：学以致用。不错，不过同样一个"用"字，我们可以有好几个看法，而这几个看法应当并存，更应当均衡的顾到。任何学问有三种用途：一是理论之用，二是技术之用，三是组织之用。没有理论，则技术之为用不深；没有组织，则技术之为用不广。政治就是如此，政治学与政治思想属于理论，吏治属于技术，而政术或治道则属于组织；三者都不能或缺。工的学术又何尝不如此。近年来国内工业化运动的趋势，似乎过去侧重技术之用，而忽略了理论之用和组织之用，流弊所及，一时代以内工业人才的偏枯是小事，百年的建国大业受到不健全的影响却是大事，这便是本篇所由写成的动机了。

1948年发表

人生不能离群,而自修不能无独。

第二章

心之所向,无问西东

成为社会上有用的人才

今天是本校举行大学部第四次的毕业典礼。本校成立于民国元年，可是那时办理的方针，和现在完全不同。那时的清华，是留美预备学校的性质，所以一切都是向着准备留学这个目标进行。这种办法，在当时的确是适合时代需要的办法。那时国内学校的程度，都还很差，毕业的学生，能够留学的很少，清华为适应这样需求，办理成留美预备学校的性质，这是很对的。但是后来国内的学校，逐渐的将程度提高，造就出来的学生，都可以直接出洋留学了。于是清华当初的那种办学方针，也逐渐失去了时代的重要性。终究于民国十四年夏季改办大学部了。改办大学部的目的，是想把清华改成一个自己能够造就专门的人材，研究高深的学术的独立机关。十四年夏季招收的第一班大学部学生，于十八年夏毕业。今天毕业的，是大学部第四班的学生。

现在国内的教育，因为受政治经济的影响，近年来所遭遇的困难艰阻都很大。本校幸而能够顺利进行，这是很难得的。去年东北问题发生之后，本校在课业方面，也曾略受影响，暂时停顿。幸赖师生协力维护，将寒假缩短，终于使学生的课业，得以照旧进行，今天还能够在这里举行毕业典礼。

今天毕业的学生共有一百一十余人。我们对于这班毕业的诸位，虽然怀着很大的希望，但也不敢就怎样的欣喜，而且还很为担心。因为诸位将来投身社会之后，是否能如我们的期望和诸位自己的抱负，成为社会上有用的人材，现在还不能确定。不过我们大家现在都要认清了这个目标——成为社会上有用人材——就本着这个目标，分别努力，以求其实现。

我们知道学校里的师长，原不过是学生的领导而已。各人将来的成就，是不能全靠在师长身上的。诸位的前程远大，不过这远大的前程，是要靠诸位自己的努力，才能达到的。诸位在校时，师长们已经给诸位引上了这条远大

第二章 心之所向，无问西东

这是1926年梅贻琦任清华大学教务长时，清华学校研究院的毕业证书，导师栏里还列有王国维、梁启超、陈寅恪、赵元任等人的大名，因此这张毕业证书也被网友称为"史上最牛毕业证"，其主人是湖南浏阳的李鸿樾。

的前程的大道。我们相信，假如诸位能够照着这条大道，继续地向前迈进，将来无论如何，总可有相当的成就。现在就望诸位好好的努力前程。

在1932届毕业典礼上的讲话

纪念以往，兴勉将来

今日是本校成立二十二周年纪念日。现值国难危急的时候，不愿在形式上铺张庆祝，惟以今日为本校历史上最有关系的一天，校中自应略有表示，藉以纪念以往，共勉将来；并尤注重在欢迎毕业同学回校，使与在校同学趁机接近团聚。校中有须改良促进之处，甚望毕业同学本爱护母校之怀，多予指导和协助，此即今日举行纪念的意义。

本校于民国元年成立。在民国以前，办有游美学务处，招考学生资送留美。后因在国内准备不足，留学时间至不经济，且幼生思想未能坚定，对于国内观念尤不切实。恐未能造出十分有用的人才。所以在民国元年成立清华学校，培植留美预备人才。十余年后，国内教育渐有进步，学生程度提高，各省考送出洋者渐多，不必一校专作

第二章　心之所向，无问西东

民国时期清华大学银质校徽（左上）、钟形铜质校徽（左下）及20世纪二三十年代的清华校门，校牌题字为谭延闿。梅贻琦在美期间，清华校内连续发生"赶校长"事件，梅贻琦被请回来担任校长。直到他去世，一直服务于清华，被誉为清华的"终身校长"。

预备。乃于民国十二年停招预备科学生，十四年成立大学部，以应时代需要。俾其毕业后，或在国内继续研究，或出国留学，或在社会服务，均有相当根底。

民国十七年因组织上及管理上均有变更，正式改为国立大学。数年来曾有相当进展，上年因受庚款停付的影响，原定建设计划，未能继续实现，不过建筑之已动工者，势难骤停，勉强维持进行。最近完成者，计有图书馆、化学馆、水力学实验室、男女生宿舍、教职员住宅等。

外间以为清华设备已多，其实不过与设备简单之校相比，较为完备一点，尚不能说已经充分够用。上年遵照部令，注重理工发展，乃于原有之土木工程系外，增设电机工程及机械工程两系，合组为工学院。惟当工学院成立之时，适在庚款停付期间，以致各项设备，均暂从缓。现在学生程度渐高，需要之设备渐多，不能再事延缓，下年内必须设法酌为添置。

目前学校感受两层困难。一因外患加紧，时局如何变化，很难定说；二因经济问题未解决，经费自二月以后分文尚未拨到。但吾们虽处艰窘危迫的局面，不可畏难灰心，不可使精神颓唐。还是要特别努力去做，维持艰巨。

1933年在建校22周年纪念会上的讲话

体魄健康才能救国

……

近来时局日趋紧急，据报纸及他方面消息，战事未见十分顺利，大决战尚未开始，将来局势不知要演变到如何程度。据个人观测，日本不顾一切，任意横行，国际方面恐亦不能终久坐视。然则战祸旋涡，必致愈扩愈大，势将牵动全世界，恐亦必非短时期所能收拾。我们于此时艰，更应努力准备。近来国人提倡科学运动的日多，实因我国对日作战，非忠勇之气不能过人，徒以科学逊色，武器不及，为未能克敌制胜之主因。我们要从速研究实用科学，以供国家需要。此种大问题自难急切见效。不过我们要尽力而为，能作到一分，即可有一分功效。

再有一语，要向大家谆告。看起来觉得平常，其实即救国的根本问题：本校向来注重体育，然而还有许多同学的体力不强，这是应切实注意的。至于如何锻炼，自不全在每日赛跑蹴球，必须对于起居、饮食、眠憩种种方面时加注意，方可增进健康。昨与人谈及本校成绩良好之学生，体气每多不佳。此非云体气好者成绩即不佳，不过往往有体气与成绩不能平衡发展，确为事实。身体之强弱，关系一己之成就甚大。如果体气不充，精神不足，事业前途既属可忧，而关乎寿命之修短尤大。将来毕业出去担负任何工作，均以体力精神为前提；外患如此紧急，如作长期抵抗，是要靠各个人的全副精力去工作。我们要将灵敏的脑力，寓寄于健全体魄之中。而后才能担当艰巨，才能谈到救国。

1933年讲

我所得的两个教训

今天所要谈的,没有什么学术上有价值之贡献,只不过个人一点经验,十几年来服务社会所得到的两个教训,在诸同学正在预备自己的时候,报告给诸位,聊供印证参考。

吾人早有一共同感想:以我国幅员之广,人口之多,国人智力亦颇不弱,而国势何以如此衰颓?吾辈在学校时,认为须吾辈毕业后以专门知识改造中国现状,留学者更抱负非凡,然毕业者归国者现已不少,何以中国犹未改造?其症结何在?愚归国十二年余,曾在学校及行政机关服务,与军界、商人,甚至土匪流氓,亦多有接触。由过去服务经验,得两教训:

(一)知人与合作。无论在政界、学界、社会救济事

民国时期,学生正在考试。

业中,均常感到事事缺人——所谓中国人多仅在数目,而处处缺乏适当人材。故现最急需者即"知人":知人之能力,知人材之来源。但有时已有人材,而不能合作。考究其原因,据愚服务各种事业之经验及多年观察所得,不外"私"、"伪"二者——此为缺人及不合作病象之两大原因!所谓私,即只为个人利益着想,忽略"事"及团体利益。政治上、社会上许多问题胥由于"私"。例不胜举，诸君谅能体会。关于"伪"，可举一事：民十九愚赴陕救灾，见华山麓下数十里平原皆植罂粟，而当地政府始终声称禁烟。此表面与事实不符，即是"伪"。此为极大病根。如国家只重表面虚言而略实际，当然造成各种事业不进步、国家危弱之结果。

（二）认"事"与达观。近年人材较伙，亦间能合作，但仍无补于国事者何故？即因国人不注意事实本身及事理，专问言由谁发，计由孰出？有人因"私"而忌妒，而颠倒是非，遂阻"事"之进行。现社会最缺乏者为是非标准，如对热河失守，言论尤有分歧，其例是已。一般评论漫无标准，人乃各由己意。私见益深，国事益劣。今后吾人对事，应深深考察，追求究竟，以确立是非标准。切勿一闻恶评，辄灰心或取容易方法与社会同化。应只认"事"理，只为"事"努力，不能顾一般毁誉。是非虽无标准，但浸久自渐确立。

希望诸同学，现在即开始准备：（一）认识人，注意各种专门人材，并如何使大家合作，养成因公忘私精神；（二）认"事"（此点在学校练习为最好机会），对任何理论时事,皆求认识分析事之本身,就事实来下评论。再培植个人志向,同时注意磨练自己,使有不屈不挠毅力。

1934年在总理纪念周上的讲话

体育之重要

今天请体育部主任马约翰先生讲述体育问题。体育至关重要，人所尽知，特别在我国目前的国势之下，外患紧迫之时，体育尤应人人去讲求。身体健强，才能担当艰巨工作，否则任何事业都谈不到。今天马先生所欲讲者，一方面要大家明了校内体育设施状况，同时要大家知道体育在今日之重要。从前教育注重智育、德育、体育三者，后又并重群育，希望养成服务社会、团体合作的精神。青年对于学问研究、精神修养各方面，均须有人领导提倡，而体育主旨，不在练成粗腕壮腿，重在团体道德的培养。我国古重六艺，其中射、御二者，即习劳作，练体气，修养进德。后人讲究明心见性，对劳动上不甚留意，是以国势浸弱。吾们在今日提倡体育，不仅在操练个人的身体，更要藉此养成团体合作的精神。吾们要藉团体运动的机会，去练习舍己从人，因公忘私的习惯。故运动比赛，其目的不在能任选手，取胜争荣；在能各尽其可尽的能力，使本队精神有有效的表现，胜固大佳，败亦无愧。倘遇比赛，事先觉得无取胜可能，遂避不参加，忘其为团体中应尽的任务，是为根本错误。

1934年讲

生斯长斯了,
吾爱吾庐。

第三章

文人的风骨

复任清华校长的就职演说

本人离开清华，已有三年多的时期。今天在场的诸位，恐怕只有很少数的人认识我罢。我今天看出诸位里面，有许多女同学，这是从前我在清华的时候所没有的。我还记得我从前在清华负责的时候，就有许多同学向我请求，开放女禁，招收女生。我当时的回复说，招收女生这件事，在原则上我是赞成的，不过在事实上，我认为尚需有待。因为男女的性别不同，有许多方面，必须有特别的准备，所以必须经过相当的筹备，方能举办。现在在我出国的三年内，当然准备齐全，所以今天有许多女同学在内，这是本人所深以为慰的。

本人能够回到清华，当然是极高兴，极快慰的事。可是想到责任之重大，诚恐不能胜任，所以一再请辞，无奈政府方面，不能邀准，而且本人与清华已有十余年的关系，又享受过清华留学的利益，则为清华服务，乃是应尽的义务，所以只得勉力去做，但求能够尽自己的心力，为清华谋相当的发展，将来可告无罪于清华足矣。

清华这些年来，在发展上可算已有了相当的规模。本人因为出国已逾三年，最近的情形不很熟悉，所以现在也没有什么具体的意见可说。现在姑且把我对于今后的清华，所抱的希望，略为说一说。

一、我先谈一谈清华的经济问题。清华的经济，在国内总算是特别的好，特别的幸运。如果拿外国大学的情形比起来，当然相差甚远，譬如哥伦比亚大学本年的预算，共有三千六百万美金，较之清华，相差不知多少。但比较国内的其他大学，清华的经济，总不能算少，而且比较稳定了。我们对于经济问题，有两个方针，就是基金的增加和保存。我们总希望清华的基金能够日渐增多，并且十分安全，不至动摇清华的前途。然而我们对于目前的必需，也不能因为求基金的增加而忽视，应当用的我们也还得要用。不过用的时候总要力图撙节与经济罢了。

二、我希望清华今后仍然保持它的特殊地位，不使堕落。我所谓特殊地位，并不是说清华要享受什么特殊的权利，我的意思是要清华在学术的研究上，应该有特殊的成就，我希望清华在学术研究方面应向高深专精的方面去做。办学校，特别是办大学，应有两种目的：一是研究学术，二是造就人材。清华的经济和环境，很可以实现这两种目的，所以我们要向这方面努力。有人往往拿量的发展，来估定教育费的经济与否，这是很有商量的余地的。因为学术的造诣，是不能以数量计较的。我们要向高深研究的方向去做，必须有两个必备的条件：其一是设备，其二是教授。设备这一层，比较容易办到，我们只要有钱，而且肯把钱用在这方面，就不难办到。可是教授就难了。一个大学之所以为大学，全在于有没有好教授。孟子说："所谓故国者，非谓有乔木之谓也，有世臣之谓也。"我现在可以仿照说："所谓大学者，非谓有大楼之谓也，有大师之谓也。"我们的智识，固有赖于教授的教导指点，就是我们的精神修养，亦全赖有教授的inspiration（英文词，中文为激励的意思）。但是这样的好教授，决不是一朝一夕所可罗致的。我们只有随时随地留意延揽而已。同时对于在校的教授，我们应该尊敬，这也是招致的一法。

三、我们固然要造就人材，但是我们同时也要注意到利用人材。就拿清华说吧，清华的旧同学，其中有很多人材，而且还有不少杰出的人材，但是回国之后，很少能够适当利用的。多半是用非所学，甚且有学而不用的，这是多么浪费——人材浪费——的一件事。我们今后对于本校的毕业生，应该在这方面多加注意。

四、清华向来有一种俭朴好学的风气，这种良好的校风，我希望今后仍然保持着。清华从前在外间有一个贵族学校的名声，但是这是外界不明真相的结果，实际的清华，是非常俭朴的。从前清华的学生，只有少数的学生是富家子弟，而大多数的学生，却是非常俭朴的。平日在校，多是布衣布服、棉布鞋，毫无纨绔习气。我希望清华今后仍然保持这种良好的校风。

五、最后我不能不谈一谈国事。中国现在的确是到了紧急关头，凡是国民一分子，不能不关心的。不过我们要知道救国的方法极多，救国又不是一天的事。我们只要看日本对于图谋中国的情形，就可以知道了。日本田中的奏策，诸位都看过了，你看他们那种处心积虑的处在，就该知道我们救国事业的困难了。我们现在，只要紧记住国家这种危急的情势，刻刻不忘了救国的重责，各人在自己的地位上，尽自己的力，则若干时期之后，自能达到救国的目的了。我们做教师做学生的，最好最切实的救国方法，就是致力学术，造成有用人材，将来为国家服务。

今天所说的，就只这几点，将来对于学校进行事项，日后再与诸君商榷。

1931年讲

聆听大师的教诲

今天是本校本学年开始上课的第一天，新旧教授及新旧同学到校不久。今天藉行开学礼的机会，使师生们大学聚会见面，同时各同学可以领略各位教授的教言，这是我们最可欢欣的事。本校在过去一年间，正值国难临头、风云紧急的时期，但国势虽如此危亟，本校校务、功课各方面，均尚能照常进行，未因时局关系，而致稍有停滞，此诚值得我们庆幸自慰的。至于本学年未来之一年中，能否仍照这样安安静静的读书，此时自不可知，此后惟有大家在校一天，各人本其职务上应当做的事，努力尽其责任而已。现在藉此机会，要与诸君略谈几点。因为清华就表面上看去，见其学者来校教书之日众，建筑设备之渐增，似乎大有蒸蒸日上之概。但考诸实际，亦自有其困难，及其

第三章 文人的风骨

危机之存在：

……

本校今年收录新生之多，为历年所未有。各地学校或受时局影响，或缘特殊原因，使一般青年求学问题发生困难。故今年投考本校者，亦较前激增。本校尽力之所及，特别增加名额，俾多于外间同学一求学机会。现在新同学，竟占全体学生三分之一，其中因素因习惯之不同，以及所受训习之各异，在团体中难免有参差不齐之处，希望新旧两方面融合起来，共同保持清华以往的良好的学风。我们也相信清华也有很多应行改良之处，我们亦要设法纠正，其固有之优点，大家亦要爱护保持，一方面要靠旧同学随时检点，来作榜样，同时还希望新同学大家多多注意自勉。

本校一年以来，有些新的发展。例如法学院法律学系之增设，工程学科之扩充。此外若已进行之各项建筑，不久皆可完成，在外观上看来，总算不错。再加上园内生活之安适，读书研究之便利，大可闭起园门，埋首用功，不必再问外事。但大学不要因自己环境之舒适，而忘怀园外的情形。在中国今日状况之下，除安心读书外，还要时时注意到国家的危难。吾们如果要像欧洲中世纪僧院的办法,是绝对做不到的。但我们要纾难救国,不必专以开会宣传为已尽其责。宣传效果之如何,是大家所共知的。我们应该从事实上研究怎样可以得到切实有效的方法,帮助国家做种种建设的事业。这样才可能把学问做活了。我们的学生将来才成社会上真有用的人才。凡一校精神所在,不仅仅在建筑设备方面之增加,而实在教授之得人。本校得有请好教授之机会,故能多聘好教授来校。这是我们非常可幸的事。从前我曾改易《四书》中两语:"所谓大学者,非谓有大楼之谓也,有大师之谓也。"现在吾还是这样想,因为吾认为教授责任不尽在指导学生如何读书,如何研究学问。凡能领学生做学问的教授,必能指导学生如何做人,因为求学与做人是两相关联的。凡能真诚努力做学问的,他们做人亦必不取巧,不偷懒,不作伪,故其学问事业终有成就。

1932年讲
原文为《教授的责任》,有删改

进大学是为研究学问

诸君今日新来清华的，大多数是初次投进大学。诸君所来的地方，从东北到西南，差不多各省都有；所毕业的中学，总在七八十之数。诸君各地的习俗不同，方言不同，以前所受的训练亦有差异。但是诸君欲入大学的目的，应该完全相同。因为大学是一个研究高深学术、造就人材的地方，那么诸君来此的目的，当然是为研究学问，将来能为国家社会做些事业。这个目的，诸君在起首时，要认清楚，以后几年之内，亦要确切记住，然后各自依这目的，努力去做。学校以它所有的设备，供诸君利用；以它所请来的教师，作诸君的指导，无非为使诸君达到这个目的，但是成功的多少，大部分要以诸君自家努力的大小为定。

清华在国内大学中，是被认为比较完善的。外人评论之点，有谓地势优良的，有谓建筑宏大的，有谓图书设备充足的，还有谓经费宽裕的，实则就以上各点论，尽有别大学胜过清华的。尤其是经费一层，若就我们所举办的事业作比例，要有好几个国立大学，是短过清华的。但是吾们所最注意的，同时亦愿诸君认为是更宝贵的，就是领导诸君工作的师资。诸君来此，如果为择一个舒适的地方，那不是我们收录诸君的本意。诸君如愿利用这里比较完备的图书仪器，吾们必在可能范围尽量供给。但是诸君在工作指导上，即在人格熏陶上，所最需要的是师资。在现在学校大规模的收纳学生，组织上或者有机械式的现象。这是因为人多，不能避免的。但是教育上的紧要途径，还是在师生的关系。古人谓"教学相长"，现在的教育事业，仍应看作师生共同工作，期达一个共同的目的。但是来求学的人，是要格外多努力，要注重在这个求学。

清华有时受外人的批评，说学生不能吃苦，这一点吾们要尽力去矫正。学校里的建筑整齐些，设备完全些，这不过为使大家工作的便利，食住的方便；为使人家身心同得充量的发育，并不是求大家供应上特别的讲究，特别的舒适。在诸君初入校的时候，更要认清这一点，那么学校在物质上亦还有不周备的地方，不要希望太奢，更不要注重在个人的享受方面。

诸君入大学之日，正是国难加紧的时期，尤其在北方，处在大家认为更紧迫的局势之下，诸君仍肯来学，可见诸君认识国难不是可以避免的，是要为人坚忍的努力去解决的。现在政府当局忍辱负重的去应付，吾们在学校里的，应该各就所能，各尽其责，为国家做一点贡献。但是我们所处的局势既如此，吾们更要埋首去工作。大家对于个人的团体的言语行动，都要特别注意。古人说"危行言逊"，现在要适应国难的情势之下，望诸君三复之。

1935年致新来校的诸同学

鲜血不是白流的

昆明各校学生自上月二十六日起罢课，实为至不幸之事。关于此事经过真相，联大教授会曾经发表声明。其内容追溯事起之初，由于云南大学、中法大学、英语专科学校及本校四大学学生自治会于十一月二十五日晚假本校校址召开时事讨论会。当日上午，本校及云大当局曾特应党政当局之邀约，面告此种开会，过去常有其事，向未发生事端。但在该会开始前一二小时，本校又接到云南省政府及云南警备总司令部会衔公函内开"查目前集会，均须事前请准，始得举行，顷悉云大、联大、中法、英专四大学学生自治会发起演讲会，于本日下午六时半在云大致公堂举行，欢迎各界人士前往参加，此种集会，并未先行请准，应即停止举行，以免影响治安，希即转知贵校学生自治会遵照为荷"等语。本校认为学生在校内集会，过去情形良好，且当日上午曾与当局说明，似无劝阻之必要。不意当晚该会进行中，突有枪声四起，流弹横飞，幸学生持以镇静，未肇事端。及散会后，参加者又为军警所阻，至深夜始得通行。翌日本市报纸载有昨晚联大附近匪警之消息。因此群情愤慨，本市中等以上学校学生遂相率罢课，要求地方当局查办前晚负责开枪之人员，并收回与中央法令相抵触之禁止集会之禁令。罢课后，本校当局一再晓谕学生，劝令复课，预计本月三日可以上课。至三十日，复有便衣暴徒闯入云大及中法校内，捣毁校具。当日学生出发，在外说明罢课，呼吁和平，比遭暴徒痛殴及枪击，学生亦有被拘入宪兵驻在所者。当晚学校当局又复告诫学生，以后勿再出校，免生意外。乃本月一日晨十时许，即有身穿杂色制服者数十人，并有佩带领章符号者，手持木棍扁担，呼啸冲入云大校门，捣毁器物。少顷，本校新校舍门前，陆续到有百余人，佩有第二军官总队符号，以木棍石子向校门进攻，以致发生互殴情事。暴徒手持手榴弹预备投掷者，为本校教授高崇熙所见，立劝队长加以阻止，该队长颇明大义，即将该手榴弹夺回，掷向南区校舍外。时有南菁中学于再先生，来到本校理发，被阻于门外，先遭暴徒殴伤头部，复被弹片中伤，当晚身死。学生遭毒打重伤者十余人，本校教授袁复礼适在南区校舍，冒险劝阻，亦被殴打数棍。同时复有暴徒四五十人，或御制服，或穿便衣，由某团部某干事率领，先到本校附中捣毁门窗牌告，并毁坏捐款箱，劫去捐款，中学生见状躲避，幸未伤人。该暴徒继往本校师范学院，强行闯入，先在饭厅前掷手榴弹一枚，学生闻声避入隔壁工校内，初未伤人。及暴徒等已退出，学生返身关门，暴徒复返身将门打破，掷手榴弹二枚，当场炸伤学生多人，内本校学生李鲁连，即时中弹倒地，昆华工校十七岁学生荀极中（即张华昌）头部受重伤，本校女生潘琰，头部、胸部受重伤，均于当晚死命。本校员生闻变，前来救护，并将死伤同学抬至云大医院，当时复有大队暴徒跟踪而至，将甫自医院退出之学生包围毒打，其中本校学生高金堂受重伤，该暴徒等更劫去钢笔、手表及学生证等物。下午二时许，有身穿灰色制服及便装暴徒六七十人，由一身材高大服黑衣者领导，闯入本校工学院办公处教职员宿舍，任意捣毁校具，破坏门窗。本校教授马大猷、钱钟韩及教员牟光信出面劝

第三章 文人的风骨

阻,即遭毒打。暴徒临去时,复将校警手持之步枪两支带走。早在当日晨六时,即有暴徒六七人,闯入工学院学生宿舍,时学生尚未起床,幸无死伤,暴徒只破坏门窗牌告而去。总计本月一日暴徒在本校散在四处之各学院及附中所肇事端,共有五起,而师范学院所遭事变最为惨重。以上所述各节,为是日惨案经过情况。就调查所及,当日员生被殴杀者凡廿十九人,计立时死命者一人,逾时死亡者三人,受重伤住院者十一人,轻伤者十四人。综观惨案经过,自非偶然事件。查当时地方最高当局于惨案形成期内,实总揽当地军政大权,对于学生集会,施以高压,应负激成罢课风潮之责任。事件发生后,本市报纸对于罢课实际情形及暴徒殴杀员生事件未获有正确之登载,学生情绪之被抑,无可告诉,其悲愤概可想见。查惨案发生时,军队有驻扎于大西门城楼者,离本校不过数步,对暴徒之呼啸杀人,达数小时之久,学生等之惨号呼救,绝无不闻之理,而该处军队事实上竟未出而阻止,更无当场拘捕凶手之事。复次,暴徒于分批至各校杀害师生后均高呼口号,游行过市,军政当局对于各校学生校内集会尚加干涉,并颁禁令,何以对于暴徒结队杀人,叫嚣过市,置若罔闻。此种矛盾措施，更足以证明该暴徒闯入学校，捣毁校具，殴杀学生，实为当时军政当局之责任。自惨案发生以来，此间教育界人人自危，觉随时随地均有横被殴杀之可能。本校教授会于惨案发生后，即成立一法律委员会，根据法律，向政府有关部门提出法律上之控诉，以维法纪，并发表事变经过。现在中央对于此次事变负责之当局，已有初步之处置，并经各方面努力调停，学校已渐恢复常态，所以请诸位先生转告社会，以明此次事变经过之真相。

1945年关于"一二·一"
惨案在记者招待会上的讲话

附：昆明西南联合大学校友会为母校遭受枪击屠杀惨案敬告全国同胞书

我们非常骄傲是西南联大的学生：

西南联合大学诞生于兵凶马乱之际，一再搬迁，终久停息于西南最大的都市——昆明。它的诞生虽说偶然，但无形中原就有一种传统凑合的力量，没有这种传统，即使能够凑合，绝不能持久。这传统就是北京大学的"自由"，清华大学的"民主"和南开大学的"活泼"。缺乏民主的自由，固然等于具文；没有自由的民主，当然也不可能。民主与自由如果缺乏活泼的精神，必流于消沉松懈；但活泼的精神，假如没有民主和自由的支持，蓬勃热烈的生命力也就无从产生。只有三者融合之后，才能相得益彰，而后有发扬，有创造。

  九年了，联大究竟造就了多少人才？究竟对国家有多少贡献？我们实在无法用数字表达出来，也难用世俗的方法予以衡量。但是九年中，它却能维持一个学术的水准，它确实能维护着优良的研究学术的作风，而始终未尝低落或向坏的方面变更，这水准使中国在艰苦的战争中依然在国际上博得不少声誉，这作风保证了中国学术进步的可能。在各个部门都趋于腐化的这些年月里，对祖国的前途，我们永远不肯绝望，就因为有这一座学府作砥柱于中流，它虽然像日蚀时的太阳要被浮云所掩遮，而光明则始终未曾熄灭，永远保持着它普照的热力——那就是中国的希望。

我们非常骄傲是西南联大的学生：

在长期的战争中，联大的师生都生活在苦难的日子里，贫困笼罩着一切，营养的不良，衣衫的褴褛，书籍、仪器、研究工具以及居屋都是奇特的困难、缺乏，憔悴、衰颓、死亡，世局国难的苦闷，社会的辛酸……这种种人间的不幸，不断地连续地打击在他们的身上，而他们依旧坚贞不易，在继续一个永远不会终止的工作——真理的追求。

我们非常骄傲是西南联大的学生：

多少人误解了联大，联大的外表是多么贫乏和零乱呵！然而，唯其贫乏，才养成一种刚毅自信的精神；正因为零乱，便产生自由独特的思想。这种精神和思想，虽然显得松懈，却蕴含着无比的力量和沉默自动的作风，在沉默中透视了事物的真相，并分辨出是非，益之以自动，所以在不期然之中，几年里曾经干过许多轰轰烈烈的事情——向贪官污吏进攻，向法西斯的恶势力宣战。联大的阵容是整齐而强壮，联大的师生的言行，不但突破了郁积的窒息，而且振奋了全中国的视听、人心。

我们应该骄傲是西南联大的学生：

联大是学术的权威，是民主的堡垒。这是什么力量在迫使？是什么力量在支持？不是的，这完全不是被动的，不是勉强的，而是一种充溢的内在的浩气在警惕在策励联大的师生要去完成一个任务。这种充溢的浩气，正是我们中国文化的精华，它恰像西方苦行修道的精神。我们说，中华民族的伟大，中国文化真正值得推崇的地方，便是这种精神，和对于这种精神的能够吸收和发扬，绝不如世俗所争道的在繁文缛节。于今，当精华快尽，民族活力被遏制得将衰的时候，硕果仅存的契机，是通过这座学府，让精华与活力能恢复而传递于无穷，中国的危机才能因之而得挽救。

我们怎能不感到悲愤，怎能不感到沉痛，面对着垂危的祖国，我们已看够了贪污腐化，看够了人民的苦痛和独裁作风的横行，我们正等待着胜利会给中国带来一些幸运，胜利会使中国走上进步的道路，但是

梅贻琦在演讲。学生曾作打油诗来模仿梅贻琦说话的语气:"大概或者也许是,不过我们不敢说。可是学校总认为,恐怕仿佛不见得。"但是在看似踟蹰斟酌的背后,梅贻琦是严谨而坚定的。

直到今天,我们还没有得到这些,相反地只是更加倍的贪污腐化,更加强了人民的苦痛和法西斯的倾向,胜利带来的不是幸运和进步,竟是毁灭!

在这样反动的时代,全中国都已被遏制得没有声音，联大当然也不容许例外，只是为了联大的声名和地位，在重重阻击之下，联大勉强保持了一点呼吸的自由。然而这种自由，也不允许长久，恶势力的魔手，终因向民主堡垒挑战，威胁利诱都宣告失败，集团的屠杀逮捕，便公开地在光天化日之下展开。军阀党棍利用武力和特务的支持，不顾一切法纪舆情，毫无人性的向我们的母校的师生毒辣的进攻。我们找不出任何理由，可以原谅军阀党棍们这种无耻的兽行。这一个具有光荣传统的学府，不被爱护，反被捣毁；学府优良的作风，不受鼓励，反要予以摧残。两三千师生的生命没有保障，民族危机唯一的契机要被消灭，在暴力的前面，学术等于粪土，学府尊严完全扫地。自由研究、讨论被视作反叛。呼吁民主和平被当为异端。在暴力施展者的眼里，人应该都是驯服豢养的畜牲，人不应该有独立自尊的人格。暴力施展者希望人只有服从，没有反抗，希望只有盲信，没有怀疑，人顶好都是麻木不仁的动物。于是联大的精神，自然为他们所痛心疾首。他们相信暴力可以统治一切，暴力万能，暴力便依着次序由别的地方移到联大。

然而，联大不是这样驯服的畜牲。联大的精神与暴力者的希望完全相反。在联大里，自由研究、自由讨论是教育主要的方法；尊重个性、尊重人格是教育重要的目标。在联大里，没有强迫，只有诱导；没有盲从，只有信仰。联大存在于现实里，联大的师生绝不能无视现实里一切变动。联大的精神使每一个联大的师生绝不甘于麻木不仁。联大的存在和光荣的获得，既是依靠自由民主和活泼的传统，联大师生绝不自私独占这全国人民所羡慕的传统，这传统必须普及全中国。联大是民主的堡垒，但这堡垒绝不能长期局限于联大的围墙之内，这自由呼吸的空气，必须散播全中国。

中国人民在痛苦中正在呻吟待救，中国的国运已濒于垂危，联大的师生已无法再沉默等待，对当前的危局必须提出主张，提出呼吁。没有问题的，军阀党棍们不能允许这类声音出现。

就在三十四年十一月二十五日，反动者于早晨滥用权力颁布禁止人民集会游行的非法命令，下午武装干涉联大、云大、中法大学及英专四校经常举行的时事座谈会。学生为了减少纠纷，临时把会场由云大转到联大。当晚会正在严肃的空气中进行的时候，联大四周已被军警包围，交通已被断绝，枪炮之声大作，流弹横飞于会场之上，近万的昆明学生在悲愤的心情中，俯地听讲，会议终于在反内战的歌声中结束。

二十六日清晨，昨晚那一群纯洁爱国的青年和教授，在中央社电讯中，竟被诬为土匪，这种限制自由诬蔑人格的无耻言行，立刻掀起了学生的愤怒，昆明学生以行动争自由，以罢课向恶势力表示抗议。

我们郑重声明，昆明联大校友会站在公正的立场，秉爱护祖国、爱护母校之忠忱，完全同意昆明学生这一坚决的措施，并愿政府立即循合理的途径，采纳学生的意见，以谋解决。

然而，昆明军政当局的回答，不是调协，而是更残暴卑劣的手段，利用新闻，利用金钱，进行种种诬蔑收买分化的勾当，更进而指使特务沿街殴辱、逮捕为和平民主而工作的学生，并用"赤匪"一类辞句来诬蔑青年。

十二月一日这批伪善的"革命"军人政客，用了超越一切历史上暴君的凶恶手段，大批军队特务分区地向各个学校同时展开屠杀枪击，我母校本部被手榴弹炸死一人，重伤十余人，轻伤不可数计，袁复礼教授也被殃及，校舍被毁。师范学院被手榴弹炸死三人，轻重伤数十。工学院也被捣毁，马大猷教授因劝阻也遭痛打。附中校舍也于同时遭到同样的命运。

如是一个争取和平民主的运动，在军阀党棍的主使下遂演成为一个惨案，就是"一二·一"惨案。这个惨案之残酷，史无前例。在军阀党棍滥用权力滥用武器之下，法纪荡然，学府尊严、青年的血肉遭受牺牲，中华民族硕果仅存的一点优良传统，也要遭到迫害。

我们，昆明联大校友会，对这一惨案的造成，感到衷心的愤怒。我们绝不容许恶势力继续存在，这种兽行继续滋长。我们悲痛，我们伤感，为了母校师长被殴辱，为了母校兄弟被屠杀。我们特别痛心中国走到民主的道路竟如此之艰难，不见于北洋军阀时代的事件都是今日演出，这充分地证明了没有民主、没有法治的流弊，也证明了昆明学生运动的正确和必要。

然而，我们应该骄傲，我们是联大的学生。

母校弟兄姊妹们那种英勇战斗的精神，赤手空拳，不畏武器，不怕强暴，只为了正义和公理，敢于和军阀党棍搏斗，为了民主与和平，勇于牺牲。

我们，昆明校友会除了向母校的师长、同学表示崇高的敬意之外，我们更增加了自信，我们要为这个伟大的运动歌颂，我们也要歌颂母校这种震古烁今的精神。中国一定会进步，中国一定要民主，中华民族的活力依然充溢。联大的精神不仅暴露了反动势力的脆弱，联大的精神也恢复了民族的自信，惊醒了全中国人民。联大的精神已因这一伟大运动的锻炼而更有力量，更显得强壮坚固，一切反动的势力都将因联大精神之发扬而消灭。昆明党政军这次罪恶的行为，只更坚固了我们。他们的暴力，让正义和公理得到伸张的机会，这虽然不是军阀党棍所希望的，但他们的愚昧无知确实造成了这后果。

我们是骄傲的，我们亲逢这一伟大的运动。

我们虽然兴奋，却不能欢欣，只能警惕。

正义和公理虽然已因暴力而得伸张，但这无疑是不必要的。正义和公理应该在和平民主的环境中发育滋长。军阀党棍们的暴力不仅违反了人道和人性，也几乎杀害了民族的生机。

我们爱好母校，爱好中国，绝不忍母校遭受屠杀迫害而不闻问，绝不忍军阀党棍毁灭民族生机而不抗议。我们，昆明的校友会，为了人道，为了民主与和平，我们不能不为"一二·一"惨案向全国同胞提出控告，对于这灭绝人性的兽行一定要予以打击。

联大的师生是坦白纯洁的，他们的要求是合情合理的，所有的呼吁都是一个国民应有的权利，所有的行动都是循规蹈矩的。联大的师生在为民主和平而工作，这是全中国人民的希望，怎么可以任意加以"土匪"、"赤匪"一类的诬蔑。

我们昆明校友会认为党争原是一个民主国家的常规，党争应循适当的途径。一个有自信有前途的政党，应该用成绩的竞争来取得胜利，胜利绝不能自屠杀迫害和诬蔑中得来。一个有自信有前途的政党，应该用工作去争取拥护，绝不能自威胁到利诱中得来。

历史已为我们提出了暴力必然失败的无数例证，聪敏的政党绝莫再重蹈覆辙。

因此，昆明校友会谨向全国同胞呼吁援助，援助昆明学生这个伟大的运动。我们首先要求全国同胞能共同支持我们的抗议：

（一）国民政府应该公开严惩肇事祸首及指使者，前任云南省代主席及全省警备司令应负全部责任。

（二）国民政府应该切实保障人民集会、结社、游行、言论及民主国家人民应有之权利。

（三）我们要求政府应该确切保障学术研究的自由及尊重学府的尊严。

（四）我们要求新闻自由，对中央社一再蒙蔽事实，混淆是非，诬蔑学生运动等等卑劣电讯，实深愤慨。

（五）为了使党争导入正轨，内战能早停止，建设能早开始，民主政治的施行，已经刻不容缓，执政党应竭诚还政于民，用行动来实践诺言。

能这样，昆明学生的鲜血才不是白流，中国才有希望。

我们，昆明校友会谨以至诚向全国同胞致最大的敬意。为了民主和平的实现，我们愿与全国同胞共同努力，誓作昆明学生运动及母校的师长同学的后盾。

昆明西南联合大学校友会谨启
1945年12月

李公朴、闻一多先生被暗杀

7月12日　F.　晴。今日起始视事，中午清华校务会议，光旦迟来，始悉李公朴昨晚在学院坡被暗杀消息。下午李圣章来稍坐。

7月15日　M.　晴。日间批阅两校公事颇忙。夕五点余，潘太太（即潘光旦夫人）忽跑入告闻一多被枪杀，其子（即闻一多长子闻立鹤）重伤消息，惊愕不知所谓。盖日来情形极不佳，此类事可能继李（李公朴）后再出现，而一多近来之行动又最有招致之可能。但一旦果竟实现。而察其当时情形，以多人围击，必欲致之于死，此何等仇恨，何等阴谋，殊使人痛惜而更为来日惧尔。急寻世昌（即赵世昌，时为清华庶务组技师代主任，联大事务组技师）使往闻家照料，请勉仲往警备司令部，要其注意其他同人之安全。晚因前约宴中央及中航二公司职员光徐诸君，但已无心欢畅矣。散后查（即查良钊，时任联大训导长）、沈（即沈刚如，时任清华校长秘书）来寓，发急电报告教部，并与法院、警部及警察局公函，一点余始睡。

7月16日　T.　阴。昨晚十二点Roser（美领馆副领事）偕二美军以吉普车接光旦夫妇往美领馆暂避，今早大致尚安定，惟各家尚甚感恐慌耳。午前十点偕郁文往云大医院看望闻夫人及立鹤伤势，肺部曾受三枪，今早已停止出血，腿部中二枪，一大腿骨已断，枪弹尚在内，但此子体格甚好，或能出险。医院中闲人甚多，盖李公朴遗体于今午火化，故来看热闹者特多也。中午访霍总司令未遇，留片。下午接警备司令部复函谓已悬赏缉凶，关于同人安全问题，提议最好大家聚居一处以便保护。下午四点约黄、查、贺、雷、沈组闻教授丧葬抚恤委员会，六点余往美领馆晤光旦、奚若，并与Roser稍谈，闻彼处已住有十七八人，但除光旦夫妇、孝通一家，及奚若外，其他则不知皆为谁何也。

7月17日　W.　晴。令世昌购米、面、糖、茶、火腿、黑大头各若干及毛巾二打，于下午送与Roser。下午五点联大常委会，开会前全体往云大医院视一多入殓，仅着蓝衫，盘坐于铁龛内备明午火化者，其面目尚静定，盖已为殓者整理过矣。

7月18日 Th. 晴。中午一多遗体于云大操场火化，系由佛教会僧徒办理，观众不甚多，秩序尚好。下午子坚、勉仲来商为一多举行追悼会及修衣冠冢事。二点余刘参谋长来谈时许始去。

1946年7月
梅贻琦西南联大日记，有删改

附：国立西南联合大学校史

民国二十六年七月，平津陷于倭寇，北方各大学南迁。北京大学、清华大学、南开大学，奉教育部命迁于长沙合组新校，定名为长沙临时大学。以北京大学校长蒋梦麟，清华大学校长梅贻琦，南开大学校长张伯苓，湖南教育厅厅长朱经农，湖南大学校长皮宗石，及教育部代表杨振声等为临时大学筹备委员会委

在物资设备匮乏、敌机轰炸威胁和师生生活艰苦的情况下,梅贻琦以务实精神、果断态度直面校务中的各种问题。他每年都撰写一篇向校友报告校况的文章,即后面《抗战期中之清华》系列。

员,以蒋梦麟、梅贻琦、张伯苓为常务委员,杨振声为秘书主任,于十一月一日筹备就绪。理、法商、工三学院,在长沙韭菜园圣经学校,文学院在南岳圣经学校分别上课。迄年终,首都沦陷,武汉震动,乃西迁滇。大部员生步行。于二十七年二月二十日离长沙,四月二十八日到昆明,并奉教育部命,改校名为国立西南联合大学,仍由三校校长为常务委员主持校务,于五月四日恢复上课。租借蒙自海关、法国领事署及法国医院旧址等地为文、法商两学院校舍。租借昆明西门外昆华农业学校为理学校院舍，并租借昆明拓东路迤西会馆、全蜀会馆为工学院校舍，总办公处则设于城内崇仁街四十六号。同时在城西北三分寺附近购地一百二十四亩四分五厘建筑校舍。是年夏以文、法两学院远在蒙自，管理不便，又以空军军官学校在蒙自设立分校，需用校舍。乃将文、法学院迁回昆明。又奉教育部命，增设师范学院，因又增租昆明西门外昆华师范学校、昆华工业学校，并向云南省政府商借城内昆华中学南院、北院为校舍，师范学院即设于昆中北院，以南院为女生宿舍。文、理、法商三学院分在农校工校等处上课，总办公处因崇仁街地址狭小，迁设于才盛巷二号，二十八年春，复为办事便利计，迁至昆华工校。是年夏，新建校舍落成，勉敷文、理、法商三学院之用。时文、理、法商、工、师范五学院共设中国文学，外国语文学，哲学心理学，历史学，算学，物理学，化学，生物学，地质地理气象学，法律学，政治学，经济学，社会学，商学，土木工程学，机械工程学，电机工程学，航空工程学，化学工程学，(按：以下为师范学院各系)国文学，英语学，史地学，公民训育学，算学，理化学，教育学等二十六系。并恢复各科研究所，仍由北大、清华、南开，分别办理，以存三校之旧。计设：

（壹）文科研究所：（一）中国文学部：（1）语言文字组（清华）、（2）文学组（清华），（二）外国语文部（清华），（三）哲学部（清华），（四）历史学部（清华），（五）史学部分（北大），（六）哲学部分（北大），（七）语言学部分（北大），（八）中国文学部分（北大），（九）考古学部分（北大），（十）人类学部分（北大）。

（贰）理科研究所：（一）算学部（清华、北大、南开），（二）物理学部（清华、北大），（三）化学部（清华、北大、南开），（四）生物学部：（1）动物学组（清华、北大），（2）植物学组（清华、北大），（3）昆虫学组（清华），（4）生理学组（清华、北大），（五）地学部：（1）地质学组（清华），（2）地理学组（清华），（3）气象学组（清华），（六）地质学部（北大），（七）心理学部（清华）。

（叁）法科研究所：（一）法律学部：（1）中国法律史及中国法律思想史组（北大），（2）国内司法调查组（北大），（3）犯罪学组（北大），（二）政治学部：（1）国际法组（清华），（2）行政组（北大），（3）国际关系组（北大），（三）经济学部：（1）经济理论组（清华、北大），（2）国际经济组（清华），（3）财政与金融组（北大），（四）社会学部（清华）。

（肆）商科研究所：（一）经济部：（1）经济理论组（南开），（2）经济史组（南开），（3）农业经济组（南开），（4）工业经济组（南开），（5）统计学组（南开）。

（伍）工科研究所：（一）土木工程部：（1）水利工程组（清华）；（2）结构工程组（清华）。（二）机械及航空工程部：航空工程组（清华）。（三）电机工程部：（1）电力工程组（清华）；（2）电讯工程组（清华）。嗣后工学院又添设电讯专修科，师范学院附设初级部及专修科。二十九年夏，工校租约届满，迁总办公处于昆中南院。是时安南屈服于倭寇，云南戒严，奉教育部命于四川叙永筹设分校，置一年级生于分校上课，以备万一。是年冬，昆中南、北两院被敌机炸毁，复将师范学院迁入工校，总办公处迁至新校舍。三十年夏，以昆明局势稍定，复将叙永分校结束，另租昆华中学新校址一部，为一年级生课室及宿舍。八月中，新校舍又遭敌机轰炸，旋赶即修复，十月初，仍得按期上课。三十一年以后，因空袭渐少，省立各校，陆续迁回昆明，以前所租各学校校舍多被索回，仅留昆华工校一部为师范学院校址。

自此以后，各院校址，大致确定。工学院始终设于拓东路迤西、全蜀及江西三会馆内。二十八年后，文、法商学院设于新校舍北区，理学院设于新校舍南区。自总办公处迁入新舍后，全校重心，亦移于此，总图书馆亦设于此，阅览室可容八百人。拓东路工学院分馆阅览室，系一会馆大殿改造，可容四百人。师范学院分馆，可容二百人。分设于各学院之专门期刊室，每室可容三五十人不等。所有书籍大部分系三校藏书迁运来滇，合供本校利用。其余系在湘滇就地采购及由外国购来或经外人赠送者。理工方面设备，本校成立时，曾得中华教育文化基金董事会补助十万元，又管理中英庚款委员会补助二十五万元，用于理工设备者，约二十万元。是时物价尚未上涨，海外交通未受阻碍，本校得以购备急需之物品。嗣后三校运滇之仪器机械，亦有相当数量。加以本校历年经常费内陆续增购者，以较三校原有设备，虽相去甚远，尚能勉敷教学之用。各系实验室，自新校舍落成后，亦粗具规模。工学院学生所需实习工厂，则就租用之会馆房屋，加以改筑。

三十四年，抗战胜利。三校奉命于三十五年暑假后在平、津复校，本校亦即因三校之复校而结束。本校之存在虽只九年，然北大、清华、南开为本校之前身，亦为本校之后继。三校以前之历史，亦为本校之历史。三校将来之成就，亦为本校之光荣。由斯而言，本校虽与抗战相终始，而实将与国同休，永垂无极也。略述梗概，详在大事记。

1946年5月

大学有新民之道,则大学生者负新民工作之实际责任者也。

第四章

抗战中的清华

抗战期中之清华

一

自卢沟桥事变迄今已二十一个月矣，在此期间，吾校之所遭遇固多有与他校相同者，然吾校校舍之被敌人占据摧毁，同人南迁后艰苦维持，与夫目前校务之推进状况，凡我校友，必欲闻其详。今兹所述，犹虑未能详尽。盖前年夏间，琦因事赴京，七七变作，即未能再返清华园，关于园内经过情形，皆同人事后南来或通信相告者，琦今据以转告校友。虽其间详略不齐，或近屑琐，然皆目睹心伤，垂涕而道者也。

本校因地处平西，毗连宛平，当七七之夜，敌人进攻卢沟桥，枪炮之声，校内清晰可闻。斯时正当暑假，一二三年级学生在西苑兵营集中受军事训练，四年级已毕业学生，为谋职业及准备研究院与留美公费生考试，留校者约二百余人，教职员除少数南下参加庐山谈话会与作短期旅行者外，大部分仍留校中，对于时局演变，严切注意，校内秩序，则力予维持。自七月八日至二十七日，地方当局举棋不定，谣言繁兴；迨二十八日我军后撤，北平遂于二十九日沦陷矣。当二十八日晨，敌机大举轰炸西苑，同日午前，二十九军与敌战于沙河，炮弹有落入园内者；迨二十九日，我军退出北平之讯证实，留校同人，乃纷纷向城内迁徙，学校情形，暂时最为惊慌，盖敌军所在，已去本校不远，随时有窜扰之虑。斯时也，琦已由庐山到京，因平津交通中断，无法北上，除与校中同人函电询商外，日惟向京中各方探取消息，每闻及沙河激战，西苑被炸，念我介乎其间之清华校园，不知被破坏至何程度矣。某日报中载有清华学生二百余人在门头沟附近被敌人屠杀，更为焦急，凡兹传闻，虽事后幸未证实，然在当日闻之者，实肠一回而九折也。

七月二十九日下午三时，即有敌军在校内穿行。尚无若何举动，但以后来者益多，应接不暇。校中同人，于八月中决定疏散办法，并组织保管委员会，保管校产。九月十二日，日本宪兵队带俄籍翻译来本校搜查，凡校长办公室、秘书处、庶务科、学生自治会会所，及外籍教员住所，均被搜查，旋封闭学生自治会所及噶邦福（J.J.Gapanovich，时为清华大学历史系俄籍教授）先生住宅而去。

十月三日，日本特务机关人员及竹内部队长来校参观，临行将土木系之图书、气象台图书、仪器、打字机、计算机等，用大汽车装载以去，是为敌军自由窃取本校什物之始。自此每日参观，每日攫取，虽经保委会交涉制止，全无效果。

十月十三日，敌军实行强占校舍，此批军队，即为卢沟桥事变祸首牟田口部队，占住之房舍，为工学院，办公楼，工字厅、甲、乙、丙三所，女生宿舍，二院宿舍，大礼堂等处，是为敌军驻入本校之始，斯时在本校保管人员，被逼退至学生宿舍"四院"（即今之明斋）。

二十七年一月二十日，敌军又要求迁移科学馆、生物馆、化学馆为驻兵之用，中间几经交涉，终于二月初强逼搬完，并限校内员工，一律迁出旧校门，保管人员

大学的意义

退住旧南院（即今之照澜院），自此以后，旧校门以内情形，不堪言问矣。迨至八月中，敌军驻本校者，增至三千余人，又将校外住宅区占去，即保管委员住之旧南院，亦被侵占，于是清华园内，遂不复有我人之足迹矣。今年春，有新自北平来者谈及园内情形，云图书馆已被用作伤兵医院，新体育馆、生物馆用作马厩，新南院（即今之新林院）用作敌军俱乐部。各馆器物图书，取用之外，复携出变卖，有时且因搬移费手，则随意抛弃或付之一炬者。夫敌人之蓄意摧残我文化机关，固到处如是，清华何能例外，虽然，物质之损坏有限，精神之淬励无穷，仇深事亟，吾人宜更努力灭此凶夷，待他日归返故园，重新建设，务使劫后之清华，益光大灿烂，斯琦于缕述母校情形之余，愿与同人共勉者也。

二

自北平沦陷，战祸延长，我政府教育当局，爰于八月中命本校与北大、南开合组临时大学于湖南省会之长沙，琦于八月底赴湘筹备，为谋本校员生来湘之便利，商托天津、南京、上海、汉口四处同学会，一方举行登记，一方指导行旅。斯时也，我校员生家属之来询问其子弟消息者，函电纷驰，亦赖各处登记报告，得知行止，各处同学会之热心帮助此项工作，至可感佩。长沙临时大学赁得校址于湘垣圣经学院，乃于十一月一日开学，本校学生到者六百余人，教职员到者百八十余人，烽火连天，弦歌未辍，虽校舍局促，设备缺乏，然仓猝得此，亦属幸事。本校原在长沙河西岳麓山南起建房舍，最初计划，原为各研究所在湘工作之用，兹三校南来，爰由本校扩大建筑，由二所增至六所，预计可于二十七年春间完工。乃敌人破坏计划，渐及我后方，长沙虽去前线尚远，亦因空袭时来，渐感不安。二十七年二月，临时大学又奉命迁于云南省会之昆明，四月底全部到达，改名为西南联合大学，本校学生到者六百余人，同年七月毕业者二百余人，教职员除由湘随来者外，由平南来者，又增数起，共达二百人以上。关于西南联合大学之组织，可约略述之者，在行政方面，由常务委员会主持全校事务，常务委员，以三校校长任之，合秘书主任为常务委员会。常务委员会之下，设教务、总务两处，每处各设若干组，分司经常行政事务，此外另设工程处，办理建筑校舍事宜。(目前联大所用房舍，全系租赁或暂借性质，布置上极感不便，计划上已时虑变迁，故不得不自筹建造简单之校舍，以应自身之需要。)在教学方面，院系之分设，系参酌三校原有情形，共分四院，文、法、理、工；十八学系，中国文学、外国语文、历史社会、哲学心理、物理、化学、生物、数学、地质地理气象、法律、政治、经济、商学、土木、机械、电机、化工、航空；去夏复遵部令，设立师范学院，以教育系并入该院；今年二月，在电机系附设电讯专修科，期以较短时间（一年半）造就电讯技术人才，备国家抗战之用。联大经费之来源，系北大、清华原定经费之四成，及南开应领教部补助之四成拨充，合计每月不足八万元。在开办之初，幸得管理中英庚款董事会及中华教育文化基金董事会之补助，图书、仪器稍稍添购，但因外汇价涨之故，所能购得者，质量均尚差甚多。至建筑费，则系以中基会补助费之一部，即三校节余之款，凑合共得二十万左右。当此工料均贵之际，联大建筑之力求简单，一因符抗战节约之旨，而亦因经费所限，不得不然也。自去夏秋季，学生人数骤增，课程设备，一切均有增加，联大每月经费，遂益感不敷，幸于二十八年度经商准教部，以上半年清华节余之款拨助，每月可增一万五千元。至设备方面，清华除以前（三年前）由平南运之器物尽量供应外，清华在滇所设各研究所，在可能范围，谋于合作，于联合教学之需要，亦可稍有补助耳。

三

至清华之事业，近年以来，吾人在平时即认为学校在充实大学本科各系之外，应并注重于研究工作之推进，故南迁以后，除农业研究所（原设清华园）、航空研究所（原设南昌）、无线电研究所（原设汉口、长沙）均次第迁设昆明外，更因地方与时势之需要，于去秋添设国情普查及金属学二所。凡此五所，现均布置大致就绪，工作已有相当进展，虽设备方面，一时因经费与时间所限，未能尽敷工作之需要，但同人之努力，益形紧张，以求适应环境，于抗战期中对国家多少有所贡献。盖吾人以为研究事业特别在创始之际，规模不宜扩张，贵在认清途径，选定题材，由小而大，由近而远，然后精力可以专注，工作可以切实，至于成效，虽不可预期，然积渐积久，必有相当之收获也。

清华留美公费生，自前年夏间，因战事关系，暂停考送，以前派出留学欧美者，现尚有四五十人，各生成绩，均甚良好，抗战以来，尤知奋勉，学校虽于经费困难之中，仍设法维持，使于学业各能有所成就，但川资及生活费两项，已酌予减少，一以节省用费，一以使诸生知与校中同人共甘苦也。

此外关于母校情形欲为各校友述之者，尚有庚款停付之问题，盖自本年一月财部当局，因海关收入十九为敌人所扣留，遂将庚款债款（为关税担保者）一律停付，本校经费，一时遂竟无着落，庚款停付之事，在民国二十一年三月至二十二年二月之间，政府曾有是举，当时学校赖有财部拨垫之款，未致中断。此次政府之出此，其困难必更甚于前，但学校之各项事业，同人之所日夜努力者，亦实国家抗战后方重要工作之一部，而在建国因素中，尤不可废弃，故吾人深信，政府当局，亦必有维持之办法。最近已商请教部转呈行政院长，准令拨垫，虽详细办法，尚未确定，但校务之得继续进行，约可无虑也。

1939年

抗战期中之清华（续）

昨岁四月在《清华校友通讯》五卷三期上发表《抗战期中之清华》一文，为我校友叙述抗战中之母校情形，想各校友业经阅及。岁月不居，韶华易逝，兹忽忽又一年矣。琦乘此母校二十九周年纪念之日，再将此一年中学校情形，缅述大略，想为我亲爱校友所乐闻者。

一

抗战迄今，为时两年又九月，我整个民族在此艰难困苦奋斗中，已使敌人陷于不拔之域，失地虽未尽复，前途实具乐观，吾辈重睹"水木清华"之日或不远矣。据最近所得平中消息，清华园情形，仍如昨岁所述，工学院，办公楼，工字厅，三院宿舍，甲、乙、丙三所，女生宿舍，新南院等处，仍为敌军盘踞，新体育馆、生物馆被作马厩如故，图书馆、化学馆、科学馆、四五等院宿舍，则尽作伤兵医院，伤兵有时多至二三千人，各处零星器具，时被盗卖。独图书馆书库，闻大部尚未遭殃，本校留平之保管人员，侷居城内，园内情形，未能过问，间遇旧校工来自园中者，探知一二耳。本校长沙岳麓山麓之建筑，已全部完成，前年长沙大火，昨岁湘北会战，本校建筑依然无恙，校址中一部分农产物，且获丰收，此堪为我校友告慰者。自来昆明，瞬息两载，学校办公处所，大多系租民房，差敷应用，独各研究所自在昆成立，因所址不定，一再迁徙，殊感不便。去春租得本省农场百余亩，一部作农验所实验之用，一部备为二三研究所建造之需，但近来工料特昂，所能造者不过茅屋数十间，差敷研究工作之用而已。

二

西南联合大学情形，自二十八年起，学生人数，遽增至三千余人，本校旧生计三百一十六人，上学年终本校学生毕业者一百六十七人，抗战期中，本校三批毕业生，计二十六年二百五十六人，二十七年二百零七人，二十八年一百六十七人，共为六百二十人，皆能在此大时代中为国家服务，亦堪嘉慰者。联大在昆明大西门外新建校舍，已全部完成，但其教室及宿舍之容量，尚不及全校所需之一半。此外则总办公处，仍须设工业学校内，而昆华中学及昆华师范之一部，仍须租作教室及宿舍之用，工学院则仍设城东迤西会馆，自去春租得附近之江西会馆，而工院各系之实验室得以布置，今已粗见规模矣。至联大行政上之组织，院系之设置，均无改变，一如昨岁所述。经费方面，今年较去年经费总数，增加十六七万。但因学生人数之骤增，各物价格之飞涨，入不敷出，反较去年为甚。学校设备，两年来，幸得中基会、英庚款董事会，及教部分批之补助，陆续购置，外有清华由汉运渝、由渝转滇之器物，尽量供用。最近南开之一批书籍仪器，不久亦可运滇，则普通教课上之参考与实习之需要，可以勉强应付，尤以工学院增设实习工厂，接受外间委托制修物件，使学生参与实际工作，收效最多。盖自二十六年秋，迄二十七

第四章 抗战中的清华

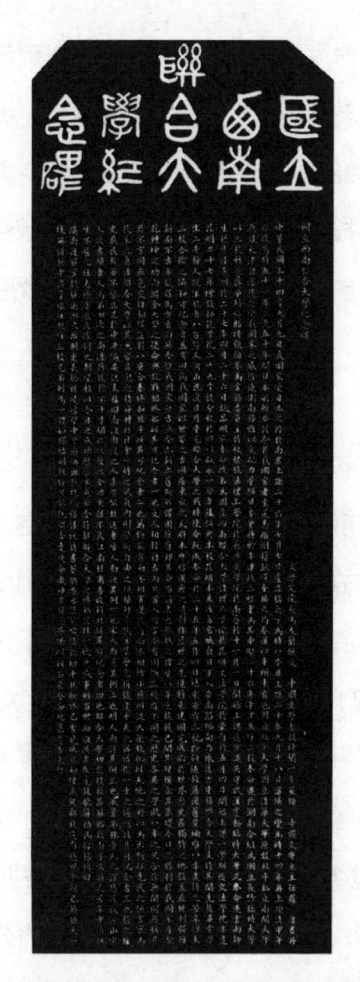

昆明西南联大旧址上的纪念碑。1946年5月4日上午9时，联大全体师生在新校舍图书馆举行结业典礼。梅贻琦主持典礼并宣布西南联合大学正式结束。典礼结束后，举行国立西南联合大学纪念碑揭幕式。碑文由"现代新儒家"冯友兰撰写，记录了西南联大的创办和发展过程。

年春，长沙临时大学时代，学校情形，可谓最坏。校舍一再迁移，师生转徙数千里，其间颠沛流离，困苦难状。经两年来之惨淡经营，校舍既定，设备渐充，学生程度，亦年有进步，三校原有之精神，已潜滋默化融洽于整个联大之中。斯琦于叙述学校情形之余，所至感欣慰者也。

三

至清华之事业，五研究所（农业、航空、无线电、金属学及国情普查）之成立，已于上年报告中，略述梗概。一年以来，各所工作，均极努力，各有若干之成就，其进行之详细状况，将逐次在《校友通讯》上发表，兹不赘述。吾人常以为学校之任务，在为国家培育人才，然培育人才，未可咄嗟立办，而我国家又正值需才孔亟之秋，吾人于此在推进各研究所工作外，就政府需要，与有关部分，合办二事，一为云南水力之探勘，一为公路研究之实验（一为资委会，一为交通部），斯二者由合办机关供给一部分经费，本校则贡献其人才与原有设备，合力进行。

前者已获有相当结果,并为有关机关采用,后者虽开办未久,工作颇为紧张,预期于将来公路修造问题上,必能有所贡献。清华留美公费生,自二十六年夏停止考送,瞬将三载,以前四届派赴欧美学生,皆将陆续期满归国,吾人固知抗战期间经济之困难,吾人尤知建国事业需才之迫切,不及今储才备将来建国之用,后将有才难之感。爰于今春请准政府,自今年起,继续招收留美公费生二十名。考选门类,及一切章程,均已拟妥,定于今夏八月举行考试。此外更自今夏起,加设留美自费研究生奖学金十五名,每名年给奖金(美金)四百元。凡此虽当学校经费不裕,外汇难得之际,皆以仰体政府求才之殷望,勉继吾校三十一年以来所负之使命耳。虽然此究需费较巨,名额有限,效用未宏,揣诸实情,亦非长久之计,本校为此,爰自二十八年夏间恢复研究院,裨一般大学生有深造之机会。除原有各部门外,文科研究所:(一)中国文学部,(二)外国语文部,(三)哲学部,(四)历史学部。理科研究所:(一)物理学部,(二)算学部,(三)生物学部。更增加工学院之土木、机械及航空、电机三部。去夏共收新旧生二十五名。政治、经济二部及化学部，则因设备未完，暂未招生，今夏当视各该部情形，酌为恢复。

四

清华本身事业，具如上述，其有为各地校友经办之事业，而又经本校赞助者，如贵、渝、蓉等地之私立清华中学是，原各地清华中学其经费组织，皆由各地创办校友，着手进行。经过相当时期，办有相当成效，经本校酌于可能范围（不牵动本校经费预算）予以人力物力上之帮助。本校历届招考新生，投考者累千，录取不逮什一，一般中学程度之低落，无可讳言。夫中学阶段，为学校教育之中坚，大学之基干，此而未臻健全，此而或有缺陷，大学教育，实未易推进。我各地校友，本此方针，致力于中学事业，斯琦所最感兴奋而极愿予以赞助者。虽然，此数中学者，皆创立于抗战军兴之后，后方中等学校之需要，骤形迫切，同学诸君为济此需要，毅然为之，不畏困难，刻苦维持，与此抗战精神，同可钦佩，但一旦战局平复，各地情形，在教育需要上将大有变更，则此数中学，应否皆继续维持，而自人力物力方面言之，能否皆继续维持。凡此种种问题，不可不于今日辛勤推进之余，一为念及者也，虽然，吾人做事，手已把犁，义无反顾，在今日只有奋勉前进，成败听之将来可也。

1940年

抗战期中之清华（二续）

自本校迁来昆明，瞬逾三载，前昨两年，琦曾将本校在抗战期中之大略情形，写成《抗战期中之清华》一文，揭载《校友通讯》上，想我校友诸君当已阅及。兹忽忽又一年矣。抗战前途，日趋胜利，而本校之成立，亦届三十周年，吾人缅怀往昔，体会来兹，宜如何兴奋而愉快。窃愿仍循往例，在此校庆日，将过去一年间之本校大略情形，写成《抗战期中之清华（二续）》一文，再为我校友诸君告焉。

一

清华园情形，过去一年中，几无报告前来。沦陷三年零八月之校园，尽为敌兵占作营房马厩，虽未能尽夷为废墟，要已荆棘满地，他日胜利归去，纵金瓯无缺，修葺补罅之功，将亦煞费经营矣。再本校在长沙岳麓山麓之建筑，原为特种研究之用，经始于抗战之前，嗣因临时大学成立于长沙，稍加扩充巨厦六幢，先后于二十七年春初完成，而临时大学又迁昆明，遂未住用，仅堆积少许器物而已。乃敌机既于二十七年四月轰炸一次，震坏楼顶数处。复于昨岁九月三日及今年三月三日，两次对此空屋，大举投弹，巍巍建筑，屹立如故，仅东楼墙角略受损伤及少数窗门间有破坏，旋即酌予修复。敌人之摧残我教育，此不过其一端，而我长沙校舍倘非借兵麓为之屏障，则其所受之摧毁，恐必不只于此也。本校在昆明年来亦有小部建筑完成，为农业研究所、无线电研究所、金属学研究所之用，地点在昆明北郊，房舍皆为简单平房，只以使各项研究工作在城郊得以稳定进行而已。

二

本校与北大、南开合组西南联合大学——初为长沙临时大学——自二十七年春间，迄今恰已三年。联大情形，院系组织，一如昨岁所述，五院二十七学系，学生人数，增至三千人，在敌人进占安南，滇境紧张之日，敌机更番来袭，校舍被炸之下，弦诵之声，未尝一日或辍，此皆因师生怵于非常时期教学事业即所以树建国之基，故对于个人职守不容稍懈也。自昨岁秋间，因滇边紧张，联大奉到准备迁移之令，经二三月之筹划，乃于四川叙永勘定校址，作一年级新生（近七百人）上课之地，是为联大分校；二三四年级学生仍在昆明，除工学院仍在城东迤西会馆、江西会馆及全蜀会馆外，文、理、法三学院，均集中于自建之新校舍内上课，总办公处亦于去冬迁至新校舍，惟师范学院自去年十月旧址被炸后，迁于昆华工校新楼之东区。凡此各部校舍，类多因陋就简，但于图书馆，系图书室，实验室等部，则尽量使之充实，以使教学工作维持相当水准，不因环境困难，而草率从事也。此外联大研究院，仍由三校依分工合作之旨，负责办理，清华部分，计设国文、外国语文、历史、哲学、物理、化学、算学、生物、政治、经济十部。本年计有新旧研究生二十四人。工科之土木、机械、电机三部，亦于二十八年夏设立，但去夏投考者，成绩较差，未予录取，故本年未有研究生。

三

清华自办之事业，五研究所次第成立（农业、航工、无线电、金属学及国情普查）亦有年矣，工作计划，逐步实施。此五研究所者，皆为我国家迫切需要，故不仅吾人本身兢兢业业，不敢稍懈，即社会人士所期望者，亦至弥切，惟以研究之事难期速效，且有涉及国防，未便缕述。兹可得而言，且为各研究所去夏报告所未提及者，国情普查研究所之《呈贡人口及农业调查》初步完成，近又推广及于邻县。农业研究所之《云南经济植物之病害调查》亦告竣事。航研所近与中研院气象研究所合作，对于昆明附近高空气象进行探测。此外另与政府有关机关合办二事，一为云南水力之探勘，一为公路研究之实验。前者已勘妥一处之水力为有关机关所采用，另作其他一处之探勘矣；后者，初步研究，已有相当结果，现方拟进一步作较大规模之实验。凡此仅由合作机关供给一部分经费，本校则贡献其人才与原有之设备。政府最近曾命令各学校应就学校所在地，尽量与当地有关机关合作，以本校过去经验言，此实事半功倍之举，今后本校仍当尽其所能，以增进其贡献于国家于社会。

四

清华留美公费生，昨岁八月举行招考，是为二十六年停办以来之第五届。办法一如往年，先由校呈部，组织考选委员会，委员九人，除本校校长任该会主席外，另聘本校教授三人，校外专家四人，及部派代表一人；所有考试规则、录取标准，以及各科命题阅卷之人选，悉由该会决定。至命题阅卷者，计共须聘四五十人。但除国文、英文由本校教授评阅较为便捷外，在其他门类科目，则尽量向校外征聘。本校教授参与评阅者，仅占三分之一。考试地点初拟分港、渝、昆三地举行，旋因敌人进占安南，港地积极设防，疏散居民，本校只得将香港一区临时取消。为便于平、沪一带应试者得转地应考，特将报名期限展缓两周。在考试时，渝区曾遇空袭，幸事先有所准备，得能按时考试。两地应考者共四百余人，考后因命题阅卷人散居各方，邮寄又多迟缓，各科试卷，于今年二月中始全部汇齐，比即开会决定，录取汪德熙等十六名，其中造舰、枪炮、水力发电、航空（发动机）四门，因应试者全部成绩欠佳，暂付缺如。录取各生，已分别为聘定导师审定计划，希望能在本年六七月间赴美，此十六门录取名单另载本刊《通讯》中。留美自费生津贴办法自去夏试行以来，申请者甚多，成绩优良者亦复不少，但因限于名额，未能尽予津贴，至感遗憾。溯自二十八年一月，政府将庚款暂行停付，本校经费只以基金利息拨充，收入因而锐减。而自去年仍行恢复考送留美公费生及津贴留美自费生二事者，实因自抗战以来，专门人才，需要迫切，而清华派遣留美学生，向为其特殊事业之一部分，故虽在经费困难，乃至借款补充之今日，不得不勉力筹办，以符政府之期望，而应社会之需要耳。

五

由本校校友主办之清华中学，已详具昨岁所述，现下计有重庆、贵阳、成都三所，皆经过相当时期，办有相当成效，本校酌于可能范围（不牵动本校经费预算）并斟酌各所情形，予以人力物力上之帮助，而三处校友，亦能协力同心，培此基础未固之中学，至堪嘉慰。最近桂林同学分会、西安同学分会，先后提议各就所在地举办中学一所，各地同学热心当地教育事业，此实最好现象，允宜力予鼓励。惟琦以渝、筑、蓉三地中学经过之困难，不能不提示桂林、西安两地同学，请于着手举办之先，对于经费、校址、校董人选三者务须有充分准备。经费不充，则无以为继；校址不定，则学校难久；而校董人选倘无地方上热心人士参加，则校务亦不易维持。故愿诸同学详慎考虑，倘对以上三点无十分把握，切勿轻于尝试，否则今日之一片热忱，反造成来日之困顿，诚可惜也。昨岁昆明同学分会，提出"一个建议"，揭櫫六端："（1）如何策应建国大业；（2）如何团结校友；（3）用新的方式发展同学会；（4）把学术研究结果付诸实施；（5）我们可做事业；（6）我们如何去做。"其详细计划，刊在《校友通讯》六卷十二期上。又渝、筑两地同学分会为母校成立三十周年又值周寄梅先生六十大庆，及琦服务母校二十五年，倡导征募六十万奖学基金运动。凡此二事，规模较大，允宜经全体校友共同商讨。琦所能在此致其一己意见者,则来年校友诸君,多能致力于福利社会国家之事业。同学会原为联络同学间感情之组织,兹欲借此组织在联络感情外,举办如许巨大计划,此实创同学会未有之先例,此实扩大同学会之功用,用意实可佩慰,惟所应熟虑者,以目前国内交通情况,抗战局面最近尚难结束,以及各地校友经济之困难,此种计划稍缓时日以图之,似更易于成功尔。

六

纪念母校成立三十周年。

母校成立,今年恰为三十周年。琦自一九〇九(宣统元年)年,应母校第一次留美考试,被派赴美,自此即与清华发生关系,即受清华之多方培植。三十二年来,从未间断,以谓"生斯长斯,吾爱吾庐"之喻,琦于清华,正复如之。今日清华校园沦陷在敌骑之下,举校同人流离于西南边隅,勉强工作,北返无期,偶一回思,心伤靡已。值母校成立三十周年,允宜扩大庆祝,但国难校难,夫何庆祝可言!无已,则惟有吾辈工作之努力,作母校纪念之贡品,爰与同人商定恢复本校原有之四种刊物:一、清华学报,二、理科报告,三、社会科学季刊,四、工程季刊。另于纪念日前后,举行一周之学术讨论会。凡此措施,一以尽吾人学术救国之责任,一以寄对于母校之忧思耳。纪念之日,各地同学,当均有集会,希于欢庆之余,亦各以尽力职守之决心,作贡献母校之最上礼品,则他日母校之光荣,其清其华,不系乎一园之水木矣。

1941年

抗战期中之清华（三续）

抗战军兴，我校避地南迁，于今为第五年；我校于昆明举行周年纪念，此次亦为第五届，且可望为最后之一届。盖去年十二月八日太平洋战事之开始，实为我国抗战胜利之转机；而旬日前东京之轰炸，亦即敌人势力崩溃之肇端。则一年之后抑或半年之后敌我消长之势必更大见，而我军修复燕京之日，当亦即我校重返故园之时，然则明年此日，此跄跄跻跻者安知不重见于水木清华之工字厅耶，言念及此，已不禁"漫卷诗书喜欲狂"！兹将我校一年来之校务，为我校友诸君作一简短之报告，曰："抗战期中之清华"者，仍其旧也。

（一）故园之情形

据最近由平南来校友叙及，清华园仍为敌人占作伤兵医院。大礼堂中一部分之座椅最初曾遭破坏，逮敌人亦用以为集会之所，始不再续予损害。图书馆之出纳部分为会客室，阅览室为食堂，书库内藏书，西文书之贵重部分被抢一空，运往敌国，中文部分近年出版之各种期刊，悉遭焚毁。其他中西典籍，于去秋扫数移至伪北京大学，于是满架琳琅之书库，已告一空矣。生物馆之东半已沦为马厩，后进课室为酒排间。化学馆所受摧残最烈。工学院全部机器，被运去南口修理厂，专供敌人修械之用。新南院住宅区，竟成妓馆。旧工友零散，留者仅二人，旋被逼一再输血，死于非命。去年中条山之役，敌人自该区掳去我军官数人，现亦囚于园内，再三被逼作无聊之广播。凡兹所述，当不逮真相之什一，已足以令吾人痛心疾首矣。

（二）播迁期内之学校建筑

本校长沙岳麓山麓之建筑，去岁第二次第三次湘北会战时，均遭敌机投弹，略有损坏，但已次第修复。他日者，校友倘道出长沙，参观若干次伟大之战绩，我岳麓山麓之校舍，亦足供诸君之盘桓也。本校在昆明西北郊之建筑，一年来亦略有增益。现研究所第一部之大部分，及第三部第四部之全部，均在彼工作。去年又复在东北郊建屋数椽，专为研究第二部之用。本校办事处所租用之民房一所，昨岁八月十四日，敌机狂炸联大新校舍及昆明西北城一带，办事处四周落弹甚多，其东院为余与家人分住者，直接中一巨弹，致全部倾圮，私人什物亦略有损毁，西院之办事处，被波及者，仅门窗屋瓦及一部分墙壁，公物均获保全，诚不幸中之大幸。该院各屋旋经修复，仍勉敷各部办公之用，办事处之移设于此，于今亦且三年余矣。今人每好言迁地为良，苟不知其为良实不若不迁之为愈也。

(三) 西南联合大学之情形

西南联合大学由五院二十七学系，及其他部分组织而成，一如昨岁所述，无烦再赘。本年学生人数，将及三千人，原在叙永之分校，亦于去秋因一年级生归来升学之机会，全部移回。自敌人进占安南，昆明已由后方转成前方，迨太平洋战起，星洲沦陷，敌人进窥缅甸，昆明局势益见紧张，然而幸职教同人均能闹中取静，持之以恒，故一切计划，尚能按步进行。师生之一部分且能抽暇直接间接为抗战工作努力。同学中应征入战地服务团及航空学校者，为数亦复不少。由西南联合大学毕业之学生数，四年来亦年有增益，去夏毕业者共三百零六人，而由清华毕业者，去年亦有九十一人。

联大之研究院系由三校各就原设所部招生训练，在清华所部者本年共有三十一人，在书籍仪器极度缺乏下，学生研究精神，尚属良好。窃念目前海外交通困难，大学生毕业后欲求深造者，将惟国内各大学研究院是赖，如何充实研究院之师资与设备，实为校中要图之一。最近教部允拨联大二十四万元作研究院补助费，清华方面亦拟筹拨二十五万元作三校研究补助之用。联大同人之研究工作，可有更多之进展矣。

去年八月十四日，联大自建校舍遭敌机大批轰炸，落弹至数十枚之多，其间凡常委办公室及事务组，出纳组，图书馆书库一部分，理院试验室数间均被炸平，学生宿舍亦有四分之一被毁，经月余之赶工修理，幸终能于预定日期内照常开学。去年八月十日至十五日为敌机进袭昆明最猛烈之时期，而十四日一日专为摧毁我联大而来，但除校舍一部分被毁外，师生数千人均经安全疏散，无一死伤，诚大幸。

联大自建校舍，容量有限，工学院仍在城东，租用会馆三所，师范学院租用昆华高级工业学校校舍，一年级新生租用昆华中学新建校舍之一部。工学院而外，文、理、法、师范四学院现均集中于西北郊，尚感便利。

（四）本校于参加联大外之事业

本校所设立研究所，各按既定计划，逐步进行，大致具如昨岁所述。研究第四部国情普查部分，今年接受内政部一部分经费补助，与本省民政厅合作，组织一户籍示范委员会，举行环湖四县一市人口普查，动员昆明全市及四县县内小学教员，先予初步训练，继则着手调查。目前调查已将完毕，统计工作即将开始。此项比较大规模人口普查与人事登记，所及人口多至七十万人，在国内尚属创举，将来所得结果，将拟具详细报告，提供内政部。为他日举行全国普查与人事登记参考资料。其它各所研究工作，均照常进行，惟图书设备添置困难，不能有充分之进展耳。

本校派送留美公费生，二十九年秋恢复举行招考一次，是为第五届，计录取十六名，已于去夏遣送出国。其中仅两人，一因砂眼，在港疗治，一因由闽去港，道路迟滞，值太平洋战事骤发，致均未得成行。第六届考试，本拟于今年继续办理，一切组织门类，均经教部核准考试日期及地点，并已登报通告，旋亦因太平洋战事发生，只得展缓举行。

自美国封存各国资金后，本校大部分美金全陷冻结，待太平洋战起及我国对日宣战，本校所赖以维持之基金利息，已告断绝。近年来，本校经费一部分即赖借贷维持，现下全部将唯借款是赖。凡此情形，自须待战事结束后，始能重加调整也。

（五）校友举办之清华中学

我渝、蓉、筑三处校友热心举办之清华中学，现均颇着成绩。昨岁起，成都清华中学首班毕业生，已有应考联大者。重庆清华中学在该区中学内，曾获得数项奖励。贵阳清华中学经周寄梅先生之热心创导擘划，经费比较稳固，自建校舍，亦已大都完成。三处清中，皆有三四年以上历史，基础已立，亟需培养，所望我渝、蓉、筑以及热心中等教育之校友诸君，仍本过去提倡与维护之精神，继续努力。最近由渝区校友分会发起之百万基金运动，现正分头劝募中。琦昨岁曾言"经费不充则无以为继"，我三处清中，仅贵阳一处，基金稍裕，渝、蓉两校，似很拮据，故百万基金运动，明知在今日不易劝募，然为该校前途计，不可不努力以促成之也。上海校友会发起之寄梅教育基金劝募运动，自必乐予赞助，踊跃解囊，有不待琦之烦言者。

上图为梅贻琦家书。下图为1946年西南联大停办后,梅贻琦夫妇合影。

（六）去夏川行经过

去岁琦因联大校务入川视察，曾在川境旅居三月之久，沿途于重庆、泸州、叙永、李庄、叙府、乐山、峨眉、成都、内江等地，各作数日之勾留，得与当地校友欢晤，借知各校友最近在军、政、学、工各界之努力，至今引为快慰。各地校友亦殷殷以母校播迁期间之情况见询，其关切之情绪倍逾曩昔。琦因念及我校同学会之组织尚未臻巩固，今后应使团结更趋健全，消息更趋灵活，事业合作，更能收效，亦当前之一大问题也。归途本定取道贵州，藉与遵义、贵阳一带之校友一图良晤，因交通关系，卒未如愿，惟有待于来日矣。

（七）三十周年纪念会之余韵

去年我校举行三十周年纪念会，循国外大学先例，曾函达国外较著称之大学，截至去冬为止，接获贺函贺电凡四十余件，其中奖励之词固多，而情意关切多方勉励者亦不一而足，尤以牛津之来函为最恳挚，美国大学来函中有"中邦三十载,西土一千年"一类语气,盖亦极言我校进步之速。实则在以往三十年中,我校对于吾国教育、学术、文化,究已有几许贡献,此我校同人于聆受奖许之余当更加惕励者也。此项函电,将来俟印刷较易举办时当汇印成册,以作纪念。

(八) 校友陈三才君为国牺牲

最后尚有一事,虽至可悲,不得不向校友诸君报告者,即校友陈三才君之殉国是。陈君以前年殉国,然因真相未明,不及于去年报告中及之。三才系江苏吴县人,为本校旧制一九二〇级级友,民国九年留美后,为麻省渥斯德大学电机系高材生,得有电机工程师学位。民十四归国,在上海工商界历任要职,一·二八之役,以及八·一三沪战开始后,参加救援工作不遗余力。及汪逆叛国,设伪政权及南京,陈君在沪上以为巨奸苟除,群丑自败,遂决心图谋暗杀,不幸机密泄漏,功败垂成,卒至以身殉国。陈君于民国二十九年七月初旬,被汪逆党羽绑赴南京,备受刑毒后,于十二月二日被汪逆枪杀于南京雨花台。陈君殉国之经过，大要如此。我校校友于抗战期内杀身成仁者，以陈君为最著，亦以陈君为最惨，今后应如何于文字上及事业上纪念陈君，永垂久远，一部分校友正在筹划中。鄙意事平以后凡校友为国家抗战直接间接捐躯，而校中应有一伟大而永久之纪念物品以慰英魂，以励来者，所望各位校友随时随地留意访察，倘有所闻，希以见告。其作奸附逆者，当亦有人，亦应给予相当之处置，但吾人深信前者大光辉，足以掩后者之污点耳。

1942年

抗战期中之清华（四续）

上一年校庆的时候，我因事滞留在重庆，一年一度在《校友通讯》上和诸位相见的《抗战期中之清华》，竟因此间断了一年。时间真过得快，自七七抗战算起，马上就是七周年，我校迁来昆明，于今恰满六年。我们面对着战争，我们在战争里生长，我们相信可以获得最后胜利，我们是临深履薄，兢兢业业的谋所以把握着胜利。当兹第三十三年校庆，在向我全体校友报告校务之前，我以坚决的态度，要求我全体校友各在其岗位上加倍努力，使盟国与国家的胜利，早日来到。

第四章 抗战中的清华

一

故园情形,过去两年,渺无消息,在敌人盘踞之下,殆亦不堪闻问。历年向诸位曾经报告到各院所建筑以及设备仪器等等被破坏的程度,但似乎没有提到图书馆和书库的情形,近据第十六卷第一、二期合刊《中华图书馆协会会报》内刊载:

"清华大学图书馆,被占用后,即作为病院之本部,除新扩充之书库外,其他部分,殆全被利用,楼上大阅览室为普通病室,研究室为将校病室,办公室则为诊疗室药房之类。病者多系骨伤,故病室多标为'骨伤病室第几××'等字。各阅览室、研究室、办公室内之参考书及用具,多被移集一处,有移入书库者,有焚毁者,亦多有不知下落者,例如大部参考书,如大英百科全书,韦氏大辞典及打字机之类,无一幸存。迨至今年(三十年)五月中旬,日本华北军司令部(多田部队本部)始有整理清华图书、标本模型之议;二十九年底,满铁北支经济调查所,及华北交通会社,即有整理清华图书之倡议,因故未成事实,并拟有规程四种:(一)押收图书,标本,模型整理中央委员会则;(二)北京清华大学押收图书,标本,模型整理实施要领;(三)押收图书,标本,模型整理要纲;(四)押收图书,标本,模型整理实施要领(以上均日文)。同时指定得参与之机关七处,及各机关得遣派之整理员若干名(略除),于五月十四日起,即开起整理。关于图书馆方面,各机关所担任之部门如下:(一)多田部队本部:总记辞典,卫生,建筑;(二)兴亚院华北连络部:政治,外交,法制,移殖民,文化关系;(三)华北政务委员会:灾害关系及连络部分产业之一部援助;(四)新民会:禁书关系;(五)'满铁北支经济调查所'及'北支那开发株式会社':地志,一般经济及产业,财政,金融,社会关系;(六)华北交通株式会社:交通,治水,运输关系。其整理手续,系先按门类依次排架,然后再行各按所需,从中挑选,只以年来书库内无人清理,且他处书籍之移入书库者,率皆随意业置地上,因之书库内,颇形凌乱,而窗破之处,亦所在多有,以致尘土积封,蛛丝牵挂,故整理上,亦煞费手续,直至七月初始行蒇事。风闻此次整理清华图书之目的,及参与斯事各机关,原可各就所需,携归私有,故挑选时,争先恐后,不遗余力，费时数周，始可选竣，嗣因他故，遂罢前议。后又拟将清华图书，全部寄存北平近代科学图书馆，该馆馆长山室三良氏曾往清华视查一次，以数量过多，该馆无地容留，乃又作罢。至此始有将各机关所挑选者寄存现代科学图书馆，余者拨交'国立北京大学图书馆'保存之议，几经伪教育总署（华北教部今称）与日方磋商，始成事实。除关于军事图书若干，禁书（抗日、共产、马克思，社会等主义，国民党及国民政府宣传品，及反新民主义图书）约一万册，各机关所选图书（其中以方志及应用科学图书为多，方志一本未留）约四万册（内中多有以一函为一册者，故确数当不止四万册），于七月十五至十八日之间，由军部、新民会及近代科学图书馆分别运走外，拨交北大者，约二十万册，于七月三十一日始行搬运。除教署、北大，及清华保管处，均派有多人从事料理外，并雇有伕役数十名，负装卸搬运之责。每日雇用汽车五辆，每辆约载二千册，每日运送两次，至八月二十一日，始全部运完。此外书库第一二层钢架，北大本拟拆用，嗣以与上层之顶力有关，拆后恐至坠落，遂拆用第三层之钢架。北大分得十八列（每列十格，每格钢板七层，双长，合每格钢板十四块），近代科学图书馆分得十列，新民会分三列，日病院留一列。钢架以外，尚有全部目录柜，亦由北大取走，又书档六千余个亦归北大所有，至此，历史悠久，宝藏丰富之国立清华大学图书馆，其寿命遂告终焉。"至此，整个的清华园，实质上已被破坏净尽，我们只有等胜利来临，再与敌人清算这一笔账。

二

自民国二十六年以后，至于今日，学校本部，暂不单独生存，初则与北大、南开在长沙合组临时大学，移滇后，又合组为国立西南联合大学，前后已将七年。联合大学计分五学院二十六系，电讯专修科，初级部，先修班。学生人数几三千人。校舍除自建一部分外，工学院，师范学院，尚系租赁房屋，十分局促。图书仪器，各项设备，至感缺乏。

在此非常时期，我国虽没有像英美一般的停闭若干大学，好教大部分的员生直接间接的参加作战，但本校在此时期，于照常教学外，尚能顾到国家抗战期内在人才方面的种种临时需要。六七年来，如国家需要某项人员，为大学生胜任者，必令学生踊跃参加，教员从旁襄助。如二十七年春，政府发动训练机械部队，我清华工学院二三四年级生，几全部参加交辎学校受训，并于受训后，分赴各地工作。三十年，三十一年，美志愿队来华及我军远征，均需要通译人员，联大学生之参加是项工作者，占全数之百分之二十二强。迨三十二年秋，盟军大量到华，通译人员，需要陡增，联大更动员全体四年级学生，以应急需，教员之自动参加帮忙训练者，达十余人。

清华研究所，现有文、理、法三所，共十二部门。文科研究所下设：中国文学、外国语文、哲学、历史四部。理科研究所下设：物理、化学、算学、生物、心理五部。法科研究所下设：政治、经济、社会三部，共有研究生四十二人，为研求高深学问，本校虽在经费极拮据下，亦乐于继续进行。

清华留美公费生考试，原为本校特种事业之一，南来以后，曾举行一次，是为第五届，去年八月复举行一次（第六届），分成都、重庆、桂林、昆明四地考试，四区报考人员，共三百七十余人。共分二十四门类，共应录取二十四人，试卷大致评阅完毕，仅差一门，付邮在途，尚未到达，兹已将各项手续办理如式，俟该门试卷送到，即可召集会议，当众揭晓。此项留美考试，如将来财力允许，希望能继续进行。

三

本校除参加联大以外，尚有五个特别研究所。这五个研究所，事实上包括七个单位，工作同人六十余人。农业、航空、无线电三所，皆着手于抗战以前，国情普查、金属学二所，来昆明以后，才分别成立。这五项研究事业，均系针对着国家迫切需要而设。六年以来，在同人努力之下，多少都还有一些贡献，现在将各所情形，及工作状况，举要写在下面：

（A）农业研究所病害组：原定研究计划中共有十余个项目，其中一部分业已结束，一部分尚在进行，此十余项目可归纳为：(1) 抗病育种；(2) 病原菌生理分化研究；(3) 植物病害研究；(4) 真菌分类研究；(5) 出版刊物。

（B）农业研究所虫害组：该组因为国内昆虫学专门

人才的缺乏，故自成立以来，即以训练专才为中心工作。工作范围包括应用与纯理两方面，应用方面，涉及农林、医学、工业方面的种种问题；纯理方面，分昆虫天敌与分类研究。（1）稻螟内疗防除研究；（2）果树钻虫防除研究；（3）松虫内疗防除研究；（4）疟虫感染率之测定；（5）家蝇天然防除研究；（6）紫胶培植应用研究；（7）白蜡虫卵缓孵研究；（8）昆虫天敌研究；（9）幼虫分类研究。

（C）农业研究所生理组：工作程序分为三期，工作范围，也分应用与纯理两方面。关于纯理方面：（1）新陈代谢及生物氧化程序之研究；（2）生物之生长及发育之研究；（3）生物感应性之研究。关于应用方面：（4）利用植物原料以制工业成品；（5）桐油之生理及利用；（6）以电解方法制造各种有机药品；（7）出版刊物。

（D）航空研究所：该所于两年前，由昆明北城迁到昆明东郊白龙潭，其设在嵩明之气象台，最近迁至白龙潭。本年工作，在应用方面：（1）为滑翔总会制造初级中级滑翔机；（2）航委会及中央气象局委制水银气压表；（3）第一飞机制造厂委托实验E-16飞机模型之改良；（4）日新滑翔社委托实验滑翔机翼剖面模型；（5）试验630号机翼剖面之性能。在研究方面：（1）设计直升飞机；（2）试制三层板；（3）研究牛胳胶及其他胶类；（4）制造试放无线电高空探空仪；（5）研究紫胶；（6）研究风洞扰乱度表；（7）研究飞机制造材料；（8）建造布置航空陈列馆。

（E）无线电研究所：除一部分仍继续以往工作外，在研究题目上，各有更改，以适应国外技术的新发展和国内的新需要。近两年来的研究工作如下：（1）氧化层阴极之发射；（2）调速电子管超高频振动器之研究；（3）新式无线电测位器之实验及试造；（4）氧化铜整流器；（5）栅柱对于束射之贡献；（6）短波定向仪；（7）粉碎铁心之制造；（8）轻小铅蓄电池之制造；（9）超高频电波产生之新法；（10）荧光现象及冷光灯之试造。最近该所又与中央电工器材厂订定技术研究合作办法，从此，和目前工业上的实际问题，有了进一步的关系。

（F）国情普查研究所：该所近两年来，经与内政部云南省民政厅，及云南省经济委员会合作，从事于云南省环湖市县之调查，结果已编印成《云南省户籍示范工作报告》一种。其他完成的研究为：（1）呈贡县农（业）

普查;(2)呈贡县社会组织;(3)呈贡县汽车路的研究;(4)近代中国国势普查(Toward a Modern Census in China)。尚在进行中的研究,则有:(1)滇省三县社会行政;(2)呈贡及昆阳人事登记。所中同人个人的分题研究,则有:(1)各国及中国人口普查方法的研究;(2)我国人事登记制度的研究;(3)我国战时移民运动与社会变迁;(4)农民家庭的出款与入款;(5)昆明农民的阶级流动性;(6)呈贡县的民风。

(G)金属学研究所:该所在进行中的工作如下:(1)配

1915年,清华学校科学社成立。图为科学社成员合影。梅贻琦(二排右一)时任科学顾问。

合X-射线数据决定晶体构造之新法；（2）由X-射线的相对强度，决定晶体的第二种熄灭系数；（3）锌锑合金单晶之制成；（4）一系高热电压合金之发明；（5）锌锑合金之X射线研究。为适应实际需要，该所对于采矿冶金的技术问题，亦随时加以注意，同时帮忙各矿业机关解答诸种疑问。

四

去年秋天，本校同人，又以其教学余闲，创办了一个清华服务社，开办之初，为了征募股本，曾和全体校友通过一次信。截至去年十一月止，共集股百五十余万元。半年以来，机械工程部，机制木材组发展特别迅速，单单为供给美国陆空军供应处建筑材料一项，营业数目达数千万元之巨，各锯木厂彻夜工作，尚有供不应求情形。他如应用化学部，化妆品制造厂，牙水、发油已在市上流行。农艺部，除碾米厂外，增设酿造组，制造味精酱油及普通酱油等等。服务社共分八部三十三组，去年结算，自六月至十二月终，盈余约二百万元，一面可以调剂本校及联大同人生活，一面可以帮忙社会生产，在这个抗战期中，本校同人，可算各尽其力了。

五

清华校园的情形，联大状况，本校各研究所的事业，简略的向诸位报告过了。抗战期中的母校，虽失去了美轮美奂的校舍，虽颠沛流离的偏居在西南一隅，一切的教学研究，总算勉强照旧进行，从未间断。还有不属于本校而由于本校校友举办之渝、蓉、筑三地清华中学，近两年来，也都有一些进步，也都有了固定校舍。渝清中一再受嘉奖；筑清中并经蒋主席誉为模范中学；蓉清中亦经川省教育督导团特予嘉许。三处中学，全赖三地领袖人士及校友的支持，才有今日。而他们都印有学校概况，可以索阅。

近两年来，我个人曾几度到过四川，一度到过贵州，随在可以遇到我们的校友，他们一秉"厚德载物，自强不息"校训，努力他们的职务，真令人十分感奋。《校友通讯》虽未能按期出版，亦未能时常出版，但本校于去年四月设了个"校友通讯部",负责校友间的联络,答复校友的询问,希望散处各地的校友,都能以最近状况函告;对于有校友分会的各较大都市的校友,如重庆、成都、北碚、泸州、贵阳、遵义、柳州、桂林、砰石、长汀、泰和、西安、洛阳等,更希望由各分会干事,将各分会最近的会员名录寄来,如能在本年六月以前全部寄到,当交校友通讯部汇编成一种"抗战期中清华校友通讯录"。印好后分送给各地校友,为了使校友的消息更趋于灵通,结合更趋于巩固,还似乎是不能少的。

1944年发表

抗战期中之清华（五续）

我校举行校庆，于兹为第三十三届，而自抗战播迁，亦已为第八届。目前西欧战场即将结束，东亚战场亦与胜利日益接近，本校于斯时举行抗战期中第八届校庆，吾人追怀往事，感慨靡穷，而瞻念前途，希望亦自无限，胜利到来之前，尚有最艰巨之一段，自尚需吾人最后之加倍努力，琦所希望我全体校友者，亦曰"百尺竿头，更进一步"而已。琦仍循往例，将本校过去一年间各方面情形，当我校友诸君述之。

一

故园情形，渺无消息者，已数年矣，昨岁曾于中华图书馆协会会报见到关于本校书库中图书被掠夺经过,至仪器设备,则久已荡然无存,时至今日,揣想园中景况,恐更将兴"无复旧池台"之感,他日胜利归来,总须逐一补充修理。本校在长沙岳麓山南麓之建筑,昨岁湘战再起,在保卫长沙战中,被包围在炮火圈内,嗣后长沙沦陷,在敌人占据之下,该建筑遭破坏至何程度,亦尚不可知。故园新址,同遭厄运,尤使吾人未能一日去怀。所幸抗战结束,为期已近,一般建国工作开始之日,亦即吾人复校努力实现之时,刻已与同人在切实计划之中。

二

我校与北大、南开合组之西南联合大学,顺利进行,于兹已七足年。自来昆明,虽迭经战事威胁,幸均化险为夷,未遭再度殃及,似此小康局面,谅能维持至抗战结束。属于三校学籍之学生,皆相继毕业已去,由联大毕业者,逮今年夏,亦已四班,计共一千五百余人。校内情形,大都如旧,惟自年来物价飞涨,同人及学生生活,极度困难,最近二三月,窘迫尤甚。同人住舍问题,亦因房价之增加而形严重,去秋幸得借款若干,建筑及改造小房若干幢,作教职员眷属住宅之用,但此不过局部之解决耳。学校设备,因四五年前稍有添购,各方亦偶有捐赠,尚勉敷教学之用。为求实验工作之进行,往往出诸以有易无办法,将学校剩余无用之物售出,购取学校迫切需要之化学药品及其他资料,惟为量不多耳。图书方面,固甚感缺乏,数年前曾得教部拨款订购,但仍未运到,近来幸得英美人士,时有捐赠,稍济渴望。联大学生从军服务者,包括译员在内,颇称踊跃。三年以来,应征及志愿充任译员者,共四百余人,最近加入青年远征军及空军者亦二百余人,成绩都甚良好,学校除予以鼓励外,并予以种种便利,以便青年报国之志,得以表现。

三

本校五特种研究所,年来工作情形,兹举要报告如下:
(一)农业研究所:
1.病害组:抗病育种。此项研究素向三方面进行:①育种,②测定作物品种之抗病力,③鉴定病原菌之生理小种。所获结果，已载历年报告中。本年度之工作，系将以往工作做初步之结束。兹将所获结果，分别报告如次：

（1）育种——决定繁殖品种，本年度之大小麦及黄豆均在第三年之高级试验中，历年保留作试验之品种，仍较标准品种为优。

（2）测定作物品种之抗病力——在鉴定病原菌生理小种实验中，曾将各作物品系分别作抵抗各生理小种之测验，现已获得抵抗力极强之品种若干，可利用作杂交育种之材料。

（3）鉴定生理小种——已经鉴定生理小种之病原菌凡七种，详细结果，已缮成报告待刊。菌类研究——关于藻状菌之研究，本年度发现一新属，已撰成报告待刊，其他水生藻状已经鉴定者，共计三十八种。历年在滇所采，以及川、甘、豫等省寄来之白粉病菌，经鉴定有新种二。锈病菌标本，经鉴定者达六百号以上，得锈病菌二百十三种，多为我国之新记录，内有新种二十五。其他关于伞菌之研究，已陆续撰成报告，在英美发表。

2.昆虫学组：除训练专门人才外，研究工作应用纯理并重而尤致力于以实验方法研究各项问题。应用方面，以与农工医有关之问题为范围；纯理方面，则以昆虫天敌、幼虫分类、昆虫染色体数等研究为主题。兹将主要研究问题简述于下：①稻螟内疗法，此项研究已获初步结果，现将加以扩充。②疟蚊唾液与疟原虫配子母细胞之关系，目的在研究能否利用以诊断疟疾。③先成现象发生原因，迄未明悉，现将寻求其引起之因素，并试以人工方法促成之。④家蝇天然防除之研究。⑤果树蠹虫之研究。⑥幼虫分类。已较鉴认种类作进一步之研究。⑦昆虫天敌研究，已发现稀罕之天敌多种。⑧昆虫染色体数之研究。染色体可用人工方法引起突变，若应用于昆虫类，或能使害虫减少其为害，益虫增加其效能，染色体数之研究，为此种实验之初步，故进行是项研究，迄今已完成四十余种。

3.生理组：本年度除继续以往各项工作外，曾作青薰素（盘尼西林）及滴滴特（DDT）等药品之试验，幸有小成。并作无种子果实试验，曾得无子黄瓜，其味与普通黄瓜无异。

（二）航空研究所：

1.完成设计直升飞机。

2.完成设计三层板机器。

3. 利用国产材料设计制造中级滑翔机。

4. 试验直升机控制模型。

5. 制造三层板机器。

6. 研制牛酪胶及豆类胶。

7. 研究紫胶。

8. 研究风洞扰乱表度。

9. 完成自制弹性力学设备。

10. 完成建造航空图书馆。

11. 嵩明气象台迁建于联大校址内。

12. 编译航空书籍，完成①空气动力学。②飞机材料学。③航空木材学。④飞机模型制造。⑤理论气象学。今后计划：①试验第一飞机制造新机翼模型二种。②校正航空风洞标准工作。③进行弹性力学试验工作。④继续编译工作。⑤试放高空无线电探高仪及进行高空气象研究工作。⑥研究飞机制造材料。⑦建筑航空陈列馆。⑧捐集航空图书。⑨计划试制直升飞机等。

（三）无线电学研究所：

该所于本学年度之研究，大部偏重于超短波及微波方面。研究题目可分为二项。①磁电管之设计与制造及微波振荡之实验。②超短波之强大振荡及辐射特性之实验。前者结果可得十数公分之微波波长,后者结果在一公尺半之波长可得数十瓦特之电力。二者在实际问题上,具有重要应用,正在从事研究中。

(四)国情普查研究所:

1.已印行的工作:本所有几种集体研究,其工作已于数年前完成,但在已往一年中才付印者,有下列三种。

(1)云南户籍示范工作报告(铅印本,三十三年二月)。

(2)云南户籍示范工作附刊(油印本,三十三年六月)。

2.继续进行的工作:

(1)呈贡县人事登记,自民国二十九年二月以来继续进行,未曾中断。昆阳县一镇三乡人事登记自三十三年八月以来亦在进行中。

(2)呈贡龙街的零售物价,自民国二十七年以来,逢街子日调查,逐项登记,编制统计图表及物价指数。

3.进行中尚未完成的工作:本所有些专题研究,由同人个人负责研究,其工作尚在进行中,包括下列数种:

(1)昆明市的贫穷研究(张莘群)。

(2)战时我国人口迁徙与社会变迁(廖宝昀)。

（3）呈贡乡村劳力制度（罗振鋆）。

（4）昆阳农民的阶级流动性（周荣德）。

（五）金属学研究所：

有数部工作仍系继续以往问题，本年可提及者如下：

1. 整理关于"决定晶体新法"已发表及已得到之结果，制成有系统的长篇论文，俾该项新法之内容，可全部发表。

2. 应用上述新法，作"锌锑合金"及"麻黄素"之晶体构造分析。

3. 改进以往发明之热电压合金，已可增加热电压三倍。

4. 探讨铸铁性能之改进。其他对外技术问题合作，仍继续进行。

四

前年秋举行之第六届留美公费生考试，因邮递迟缓，待至去年夏，始将试卷汇齐，评阅揭晓，计共录取二十二人，又因种种关系，久未能遣送赴美。目前各种手续，均已完毕,短时间内,如交通无问题,当可陆续成行。

本校同人于业余创办之清华服务社,经营迄今,瞬将两载,营业情形,向称发达,年来于同人收益,逐级分配,不无小补,参加之同人自助助人之精神,尤堪欣慰,然此究属权宜之计,他日战事终了,当即随同结束。

校友创办之三处清华中学,皆有报告前来,皆能于困苦中照常进行,本校限于资力,未能多予补助,仍望渝、筑、蓉三处校友力加维护,使日臻完善,至其前途发展,以及与母校可能有之关系,当俟本校复员后,再相与妥为筹划也。

五

今年八月,琦服务本校,将满三十周年。溯自一九〇九年(宣统元年)应母校第一次留美考试,被派赴美,自此即受清华之多方培植。待民国四年秋返国,即在本校服务,流光如驶,忽忽三十年矣。吾昔曾言:"在这风雨飘摇之秋,清华正好像一个船,漂流在惊涛骇浪之中。有人正赶上负驾驶它的责任,此人必不应退却,必不应畏缩,

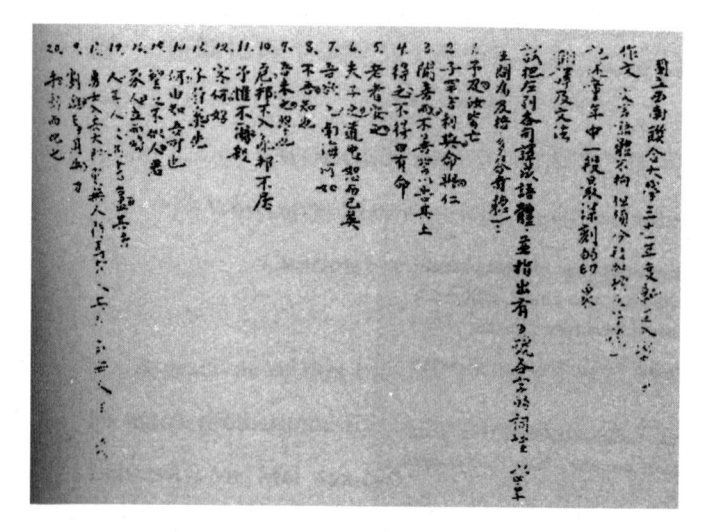

1942学年度西南联大新生入学国文试题。1937年8月,北京大学、清华大学、南开大学在长沙组成长沙临时大学;1938年4月,西迁至昆明,改称国立西南联合大学。

只有鼓起勇气,坚忍前进。虽然此时使人有长夜漫漫之感,但我们相信不久就要天明风定。到那时我们把这船好好地开回清华园,到那时他才能向清华的同人校友说一句'幸告无罪'。此天明风定之日,不久可望来到。"今春教部召集各大学开会,对于战后各校复员,有所决定,清华必在复员之列,此亦琦可为校友诸君告慰之一端。惟维持现在,绸缪未来,有待于我校友诸君襄助之处正多,一旦复员开始，北返有期，自更盼校友诸君能与在校师生共策共力，使涉世三十三年之母校得以重新奠定于清华水木之间，更从而有一番簇新之发展，以与一般建国事业力求配合，斯则琦历年艰苦支持中所时刻馨香祷祝者也。

1945年

复员期中之清华

去年九月，敌人投降，抗战终了，本校奉命复员。历年来在抗战期中，琦每借《校友通讯》，叙述故园情形，及南来景况，想我校友诸君已知其梗概。兹将即返故居，重新建设，爰再将复员计划，及最近情形，趁兹第三十五届校庆日，为我校友诸君约略言之。

（一）故园情形

北平系于去年十月中由第十一战区受降，本校于同年十月下旬由本校教授张子高、陈福田先生会同教育部特派员前去接收。琦于去年十一月二十七日偕同陈岱孙、施嘉炀、毕正宣三先生到平，翌日到清华园察看，接收尚未葳事，缘数年来校园由敌人一五二兵站病院占住，最初有伤兵四千余人，职工一千三百余人，全部校舍，均被占用，破坏甚剧，如卫生设备，完全摈弃不用，改用日式之洋灰池槽，上下水道，凌乱不堪，亭钟铜炮，已被日方窃去，新图书馆全部改为外科病室手术室，旧体育馆为仓库，新体育馆为大厨房，凡斯种种，不及备述。本校于十二月初组织一保管委员会，由陈岱孙先生主持其事，陆续约用职员十余人驻校办理接收修葺等事。截止现在，日伤兵已全部离校。惟自今年一月杪，我后勤总部第五补给区司令部派员接收日一五二病院，并就地组织第三八病站医院，虽言明借用三个月，但在此期间，殊影响本校修葺整理之进行，现已向主管当局交涉，早日腾让。关于修理工程，去冬即约基泰工程司，先详细勘察估计，嗣因经费无着，未敢动工。最近得教育部核拨修建款，数虽尚不敷用，不得不于本月初赶即开工，预计到秋间开学，大致可以就绪。内部设备家具，拟先就必需者，简单制备。旧有之仪器图书，被剽窃一空，以后在伪北大及其他机关寻获图书若干，约抵原有册数之一半，而仪器机器则完全无法追还。以目前物价之高涨，经费之拮据，即努力撙节挹注，亦非三数年期间所能恢复旧观，但谚云："旧的不去，新的不来。"则吾校同人苟能于此时用最经济之设计，购求科学最新之设备，则今日正一改造扩展之良机也。

（二）复员计划

校园之物质情形，略如上述。秋间复校后，为应国家社会之需要及本校学科顺序之发展，就院系言之，将成立农学院，即以农业研究所之基础，设置四五学系；文学院增设语言人类学系，以注重边疆民族语言文化之研究；理学院地学系原有气象组，今另成一系，以提倡高空气象之探讨；法学院将添设法律系，以实现十年前原拟之计划；工学院添设之化工系在今日之重要，固无待赘言；而建筑系则目前欲应社会之急迫需要，解决人民居室问题、城市设计问题，于人才训练上，于学术研究上，皆当另辟蹊径，以期更有贡献于社会者也。下年学生名额，约必有相当加增，但现有宿舍及设备，尽量容纳，不能超过二千人。师资方面，当亦须增聘，除随校南来各教师，夏间当设法妥送返校外，其休假或请假在国内或国外者，已敦促务于秋间返校任教，另再增聘若干位，务使新旧院系，即设备尚多欠缺，而师资必蔚然可观，则他日诸校友重返故园时，勿徒注视大树又高几许，大楼又添几座，应致其仰慕于吾校大师更多几人，此大学之所以为大学，而吾清华所最应致力者也。

（三）联大结束与三校迁校

今年五月初，西南联合大学之战时使命完成，三校之复员随即开始。在联大之学生，依其志愿，分发于北大、清华、南开三校。但北迁之举，三校师生仍联合发动。一因大家路线相同，联合自多便利；一亦以表现八年来通力合作之精神，彻始彻终，互助互让。固非欲以标示国人，抑吾三校同人所同感之快慰，或亦非局外人所能领略者耳。至迁校办法，实亦大难。全体师生及眷属，共约五千人，公私物品，共约五百吨，自西南边陲之昆明，迁移到辽远之平津，在现状下，水陆空交通工具，均感缺乏，行不得也，其谁助之？只得自行设法，分头接洽，有机可乘，有路可通，便当分段分批逐步进行，希望于夏间三四个月之时间可以陆续开动，十月前后可以到达平津，故三校已共同决定于十月十日复校开学，则国庆校庆同资纪念矣。

（四）表扬忠烈

在抗战期中，本校校友以身殉国，死事之烈，若沪上之陈三才，赣北之姚名达，缅甸之齐学启，皆足名垂清华史，实亦母校之光，将来拟于清华水木之间勒碑纪念，或更编印纪念册，以资流传。惟目前消息尚多阻隔，必有甚多壮烈事实，未为校中所得悉者，所望校友诸君，各就所知，尽量函告，即有重复，尤利参证，以慰忠魂，以励来者。

此外所欲向诸校友谈述者，事项尚多，但有尚在筹划之中者，有须待确息方好报告者，有仅属希望尚难办到者，只盼来年今日，更有好消息，可为诸君报告。最后琦有不能已于言者，即吾清华三十五年之差有成就，实由于吾校学风之纯良，学术空气之醇厚，三四千学子之出其门者，已成为今日社会上有力而有益之分子，则其宗旨，其方针，其做法，吾辈应认为确当，而在亟谋复校之今日，尤当坚定信念，努力以赴。精力愈集中，则收效愈宏达。校内同人，或有未逮，则望各方校友，多予协助。琦不敏，愿鼓其余勇，以追随于诸君之后也。

1946年

复员后之清华

自七七抗战,平津失陷,二十六年九月,本校奉命与北大南开合组长沙临时大学。初拟利用本校原在长沙岳麓山南为特种研究所建筑之房屋,作暂住之计,乃战事扩大,南京陷落,临时大学又奉命迁往昆明,改名为国立西南联合大学。抗战八年,本校在昆明亦八年,此八年中本校情形,逐年校友通讯上皆有报告,想我校友均经阅及。

待三十五年五月四日西南联合大学之战时使命完成,举行结业,本校复员于焉开始。三校学生自五月至八月分批北返,三校教职员亦自六月起,分由陆路或航运经湘、汉、上海或重庆来平,但一部分同人须待联大事务完全结束及三校物品迁运就绪,九月底始全部离开昆明。琦于九月六日离昆，十一日到平。时我校派在北平负责接收修理之保管委员会已经数月之赶工，校舍各部逐渐修妥，本校乃于三十五年十月十日在清华园故址开学，十一月五日第一学期始业。学生由昆明随来者九百余人，北平临时大学补习班分发者三百七十余人，夏间招考录取者，一年级及转学生、研究生共九百余人，外加先修班二百余人，共二千三百余人，人数实超出战前一倍。教职员初有五百余人，以后数月，则因需要，陆续添聘。复员阶段至此，可算初步完成。本校校友及关心本校人士，每以本校复员后情形为念，爰不辞缠缕，再详述"复员后之清华"。

清华园校舍，经敌人八九年长期占住，最初驻兵，继改作伤兵医院，破坏甚重。去年春间，一部分房舍又为补给区军医院占用数月，待至七月中本校全部接收时，主要楼房虽外观大致依旧，而门窗残缺，内部装修，均须重新添制。图书馆、体育馆破坏最甚，时至今日，图书馆新书库尚未修好，纵能修好，亦尚缺一层，因钢架被拆卸残缺，最近期内无法亦无力配全矣。战前藏书数目，中日文书二十五万余册，西方书八万余册，合订本期刊三万余册。兹复员之后，自北平各处收回书籍，约中日文书十三万五千余册，西方书四万三千余册，合订本期刊二万余册。以册数言，损失约为一半，但收回者往往残缺，配补困难，则损失实在一半以上。故图书之补充，实为复校后重要问题之一。体育馆之前部运动场因敌人用作食物仓库，七八年间污秽溃烂延及地板，接收之后，须全部改修。健身设备荡然无存，锅炉遗失，故供暖设备尚未修复，最近仅能供给浴室热水。新运动场敌人用作大厨房，地板全部拆毁，目前因木料甚贵，暂时改用洋灰地面，勉强应用。游泳池尚未大坏，更衣室衣柜，则散失甚多。以今日学生人数之多，内部各种设备之添置，实为一大需要，在时间上、在经费上只可分期办理耳。

大礼堂损坏尚轻，惟软木地板磨穿多处，讲台帘幕为士兵撕毁，门窗须修，顶漏须补，但修理工程较为轻易耳。一院大楼楼上仍为学校各行政部门办公处所，楼下为教室、办公室及学生临时宿舍。二院最后一排，前为敌人拆去，其未拆去部分，全部改作课室。同方部现仍存在，作小集会大班教室之用。三院（旧中等科）房屋最老，经八九年之摧残，更形圮坏，修理困难，故后部各排均由校拆卸，以其砖木作他方修理之用。科学馆、生物馆、化学馆、土木馆、水力馆、电机馆、航空馆，各建筑外观如旧，内部设备，全部无存，一桌一椅，均须新做。所幸经同人多方努力，临时稍稍添置，加以自昆明运回之一批仪器，普通教学实验，勉敷应用，但为树立教学基础，为提倡学术研究，则各系之设备有待大量补充，无待赘言。

农学院去秋成立，校园内难觅适当房舍，幸得教部拨给敌伪建立之土木专科学校校舍（在颐和园东）加以修理，暂可敷用。

学生宿舍，新、平、善、明四斋，共有五百六十八间，原来设计每间住二人，事实亦以住二人为合适，兹因学生增多，改住三人，共容纳一千七百八十余人。原为工友预备者，亦经住人，拥挤情形，住过此项宿舍之校友，可以想象。女生宿舍之静斋，共有六十八房间，每间原住二人，现亦改住三人，共住二百人。其以上斋舍不能容纳者，男生尚有五十余人，现暂住在一院楼下，女生亦有四十人，住在古月堂，宿舍内设备，除铁床几经交涉，幸得保留外，其他家具均须新制。先修班学生二百人暂住在农学院。学生宿舍之问题，至今秋将更为严重，因倘如去秋情形，再收录新生一千左右，而今夏毕业者只有二百余人，则此增多之六七百人，如何安置，在工料高贵之今日，添建宿舍，将不可能，则惟有就现有房间估计容量，对增加人数而加以限额录取耳。

教职员宿舍，原有之学务处（工字厅）前部、怡春院，均经大加修葺，仍作单身教职员宿舍之用。此外在体育馆后面，敌人建有平房卅六间，迤逦逼近气象台，俗呼为卅六所者，暂仍保留其大部房间，亦供作单身教职员宿舍之用。至于教职员住宅，旧有之三所、北院、西院、新旧南院，经修理改造之后，可住一百四十余家。另于小河之南，加建小房四十所（名胜因院），但仍不敷分配。盖因近来本校院系扩充，学生加多，教职员人数亦须相当增加，且本校僻处郊外，延聘教师，如有眷属者，不能不供给其住宅，若使往返城郊，不仅影响教学，且额外消耗，对其菲薄之收入，将更不能维持。此住宅问题，本校独感困难者也。

清华园户外景象，骤观如旧，但各区道路，犹待修整。敌人遗弃之灰堆煤屑，尚在清除。所最幸者，全校树木，竟未遭敌人砍伐，但年久失修，有枯死者，有丛生过密者，亦须检查修整，则俟天气稍暖，即当进行。冀于初春花发之际，园林整洁，溪池清澈，一复水木清华之旧观，我校友于时重返校园，第一印象，将有风景无殊之感，然而内在之创痕，固深且巨，则非以数年之人力财力不易恢复矣。

本校复员之后，院系有所扩充，现共有五学院二十六学系：计文学院有中国文学、外国语文、哲学、历史及语言人类学五系；理学院有数学、物理、化学、生物、地学、气象、心理七系；法学院有法律、政治、经济、社会四系；工学院有土木、机械、电机、航空、化工、建筑六系；农学院有农艺、植物病理、昆虫、植物生理四系。行政方面，遵照部令，分设三处，有教务处、秘书处、训导处。教务处下有注册组、图书馆。秘书处下有文书组、出纳组、事务组及校医室。另有校长办公室及会计室。此外设有各种委员会，协助校务之进行，属于行政部分者，有聘任、工程、图书、仪器、燃料供应暖气设备、供电管制、校景、出版、大学一览等各委员会。属于学生生活指导方面者，有训育委员会（下分三组以负责：一、学生食宿指导，二、公费及学生救济，三、学生课外活动指导等事项）及一年级课业指导、奖学金等委员会。属于同人福利者，有住宅宿舍分配、教职员互利合作两委员会，及教职员消费合作社。藉此群策群力，本校复员工作得以顺利进行，至可感也。

本校复员后之情形，大致已如上述，因经济上之困难，目前仅能达到勉可工作之阶段。至于补充恢复，盖非以数年之人力财力不易完成，而吾人之希望则又不应以恢复旧观为满足，必使其更发扬而光大，俾能负起清华应负之使命，是则我校同人在复校工作大致就绪之今日，犹日夜孜孜不敢不努力以赴者也。

清华今日之问题，在物质方面为校舍（教室、实验室、宿舍、住宅等）之不敷住用，图书设备之需大量补充。在政策方面，则于计划训练大量青年之外，尤应注意于学术研究之提倡。此在战前，即已推行，今后更应促进。盖我校既因容量之关系，学生人数终须加以限制，则毋宁多重质而少重量，舍其广而求其深。最近添加建筑，几不可能，房舍支配，势须拼挤，但内部设备，则必力求充实，各系教师，则必多方罗致，庶使青年之欲来我校者，虽不能尽量收容，其出我校者，则必使各具专长。而于学术研究方面,清华在战前,即在抗战期间,已有若干之贡献。今后成就,固不可以预期,但譬如种树,倘选种优良,种植得宜,培养灌溉,尽力维护,则春花秋实,将为自然之收获矣。

此外考选留美公费生,为清华一贯之政策,如与国外学术机关之联系、交换,亦为应予注意之问题。至于如何实施,将来当详为筹划,相机进行。

最近各地校友,每有探询本校事物之需要、预备捐助者。校友爱护母校之热诚,实深可感。以今日校中情况言,大至校楼一座,小至图书数本,无一不欢迎能有大宗捐输。如稍具体言之,若图书馆新书库之一层钢架,若新体育馆之木块地板,若校友招待用之校友楼,若某类之中文或西方图书,若某批之实验设备等,倘校友诸君能集体捐输,任捐一项,皆足为永久纪念,所谓及时之义举,诚遗惠于无穷也。

再者,自去年五月着手复员,至十月中开学,此五个月中,三校师生及眷属老幼,共四五千人,自西南边陲之昆明,迂回平津,间关万里,水陆空并进。单就本校言,师生已达二千左右,沿途得各地校友及社会人士之热诚帮助，使全部得如期安全到达，琦特于叙述本校复员情形之余，谨代表全体同人致其衷心之谢忱。

1947年3月15日
原载《清华校友通讯》复员后第一期